Böwe/Schütt · Der Unfugladen

Kurt Böwe

Hans-Dieter Schütt

Der Unfugladen

oder
Endlich Schluß mit dem Theater?

Vorstellungen und Personalien.
Mit einem Gespräch von
Günter Gaus

Das Neue Berlin

INHALT

Ohne ein gewisses Quantum von Mumpitz
geht es nicht.
      THEODOR FONTANE

Schauspielerei ist nicht gut
für den Geisteszustand.
      ANTHONY HOPKINS

Laß sie doch. Sie spielen Glücklichsein.
      MAURICE MAETERLINCK

Niemals würde ich das Banner einholen,
nie sagen, das war das letzte Mal.
      SIR ERNEST STACKLETON

… denn ich bin es, den ich darstelle.
      MONTAIGNE

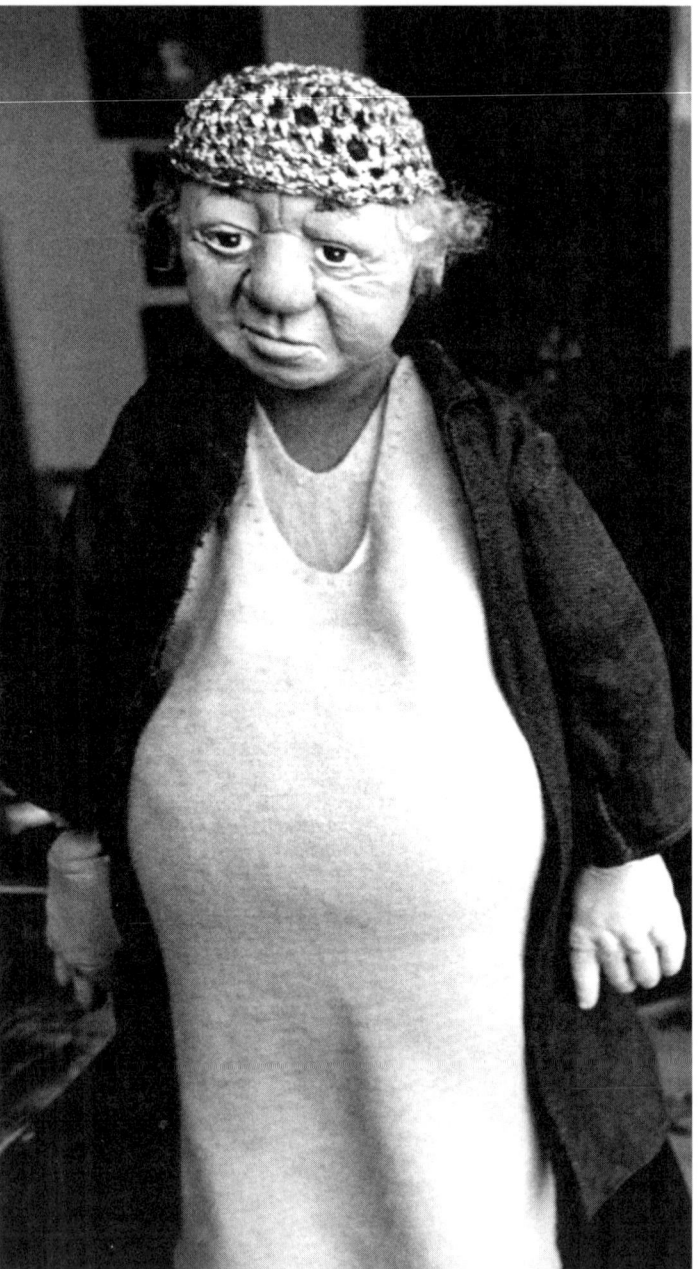

Hans-Dieter Schütt

FALSTAFF ODER KNÖDELKÖCHIN?

Die Maske sofort in die Kiste zurück
sofort in die Kiste zurück

Einmal sah ich den Schauspieler besonders verärgert. Der Kritiker Gerhard Stadelmaier hatte in der »Frankfurter Allgemeinen Zeitung« über den Falstaff in Thomas Langhoffs Inszenierung »Heinrich IV.« am Deutschen Theater Berlin geschrieben: Der sonst so großartige »Kurt Böwe sieht aus wie eine transvestitische schwangere Knödelköchin«. Bisher kein Wörtlein Shakespeare gesprochen, der Schauspieler, eine gewichtige Laufbahn lang, und dann der Falstaff, welch eine Krönung – und als Echo diese unverschämte Kritik.

Gewisse Zeit später sah ich den Schauspieler besonders erheitert. Immer dann nämlich, wenn er im Arbeitszimmer im Berliner Hochhaus die etwa zwanzig Zentimeter kleinegroße Figurine seines Falstaff betrachtete und dabei – Stadelmaier zitierte.

Diese Besänftigung des Gemüts kam aus der tief verinnerlichten Wirkung eines einzigen Satzes: Alles hat seine Zeit. Jene Erwartung, die alle Mühe auslöst und alle Sehnsucht nach dem Erfolg, jene Erwartung also, die leidenschaftlich und rechtschaffen blind macht – sie hat ebenso ihre Zeit wie die erlösende Erkenntnis, daß Gelassenheit mitunter der größte Erfolg sein kann.

Schade freilich, daß die einfachsten Gewißheiten so geartet sind, daß dafür meist Jahre draufgehen müssen.

Der Schauspieler nennt sein Bühnengewerbe einen Unfugladen: Weil es so verflucht ernst genommen werden will; und weil es, um wirklich ernst genommen zu werden, so verflucht unernst sein muß – Theater ist eine Lüge, die Wahrheiten erzählt, und die erste Aufgabe eines Schauspielers besteht darin, gedruckte, tote Worte in lebendiges Fleisch zu verwandeln. Immerhin: Eine schwangere Knödelköchin, wie man ja unzweifelhaft an Fallstaff sehen kann, hat beträchtlich viel davon.

Ja, alles hat seine Zeit, der Ehrgeiz ebenso wie die leicht hingelächelte Einsicht, daß man an manche Aufgabe »nur« geht, weil es sie gibt, so wie es den Mount Everest gibt und also auch die damit verbundene Konsequenz: Wir werden daran scheitern, und das ist gut. Scheitern, sagt der Schauspieler wie jemand, der das Fragwürdige der menschlichen Existenz bis in alle Tiefe durchschaut hat, Scheitern ist der Zustand des Lebens. Das ist eine christliche Botschaft, sehr realistisch: Nichts wird gelingen, wenn man geblendet nur nach den Gipfeln schielt.

Ich mache Theater, sagt der Schauspieler mit den Worten George Taboris, aus einem einzigen Grund: Lustige Person zu sein ist die unmöglichste Versuchung der Welt. Das ist sicher pathologisch, ein Signal durch die Flammen – aber kein Hilfeschrei nach dem Löschzug, sondern eine Einladung zum Feuer. Noch immer. Gegen alles Frostige in den modernen Spektakeln. Auch wenn die Feuer jetzt sichtlich niedriger brennen. Wie an späten Abenden.

Das Theater ist tot, sagen die Propheten des Zeitgeistes. Aber nach wie vor heilig, sagen die Regisseure. Also die Hölle, sagen die Zuschauer. Und die Kritiker, diese gefallenen Engel, schreiben das hohnlachend auf. Währenddessen die Schauspieler in den Kantinen sitzen und still meckern. Wider die Propheten, wider die Regisseure, wider die Zuschauer. Und natürlich wider die Kritiker, die an dem äußerst menschlichen Drang leiden, ein wenig Gott sein zu wollen; aber man kann schlecht Gott sein in Welten, die andere geschaffen haben.

Die Schauspieler meckern? Aber nur so lange, sagt Böwe, bis sie vom Inspizienten in die Gasse gerufen werden und wieder entdecken dürfen: Das Theater unterscheidet sich in einer sehr lebensrettenden, wenn auch lebensfressenden Wesentlichkeit von der Welt draußen – es gilt auf der Bühne nämlich noch, zumindest bei Proben, der beruhigende Satz: Alles nochmal von vorn.

Bis die Zuschauer kommen. Und der Applaus. In dem der Schauspieler baden kann. Oder baden gehen kann – wenn er zu schwach ausfällt. Ach ja, das Publikum und dieses all-abendliche Aufeinandertreffen zwischen erhoffter Zuwendung und durchaus möglicher Verweigerung, zwischen kräftig inszenierter Dominanz auf der Bühne und doch heimlicher Unterwerfung hinunter in den dunklen Saal. Ein guterzogenes Publikum ist oft unehrlich, weiß der Schauspieler. Ein ehrliches Publikum gnadenlos. Ein guterzogenes Publikum, das ehrlich wäre? Gibt es nicht, sagt die Erfahrung. Aber Träumen ist erlaubt, sagt der Schauspieler.

Für Kurt Böwe besteht das Grundproblem des Berufes darin, wie man heute, in den Zeiten des allgemeinen Abwinkens, an die Wurzeln des Geschäfts herankommt. Als Lebenshilfe, als Trost, als Herausforderung. Was für ihn persönlich immer heißt: Wie bringt man seinen persönlichen Zustand in Einklang mit der Rolle. Des Schauspielers Gestalten-Bildnisse sind keine prononcierten Glücksbilder, auch keine eindeutigen Unglücksbilder, keine polemischen Machtbilder, auch keine klagenden Ohnmachtsbilder, sondern einfach Daseinsbilder ohne Gewißheiten. Aus den Bildnissen aber wird der Vollzug eines Wandlungssakraments vermutbar, zwischen Persönlichkeitsentwurf und Selbstdarstellung, sozialer und spiritueller Existenz, zwischen Charakter und Gestalt. Noch im allerfremdest Dargestellten erscheint Böwes Begehrlichkeit nach seinem Selbst. Das klingt merkwürdig, aber konkret ist es so: Dieser Schauspieler funktioniert entweder von seiner eigenen Mitte aus, oder das, was er macht, ist falsch.

Man weiß genau, sagt er, daß wir Menschen eine Reserve in unserer Seele entwickeln, die größer ist als das, was wir verbrauchen, an Gutem und Bösem, Begreiflichem und Unbegreiflichem, Großem und Niederen, Weitem und Engem, an Maßlosigkeiten, Verlorenheiten, Liebes- und Trauerwahnsinn, Verirrungen und Grenzüberschreitungen. Wohin damit? Wie definieren wir Existenz? Aus der komischen Perspektive, aus der tragischen, aus der erhabenen? Sind wir Heroen oder Kümmerlinge? Je nachdem, wie wir uns verstehen, handeln und erleben. Wir wechseln zwischen all diesen Definitionen, als wären es nur Empfindungen. Es kommt auf der Bühne nun darauf an, all diese private Not und Natur in eine Gabe zu verwandeln, die nichts weiter als Mitteilungsfähigkeit heißt. Der Ausdruck des Darstellers ist nicht Verstellung, sondern Erfahrung, zuvörderst die des Schauspie-

lers selbst. Der gute Maskenmacher, so Alfred Polgar, hat auch
die Tube mit Ungeschminktheits-Schminke in der Schub-
lade.

Nun muß, wer sich zu erkennen gibt, damit rechnen, ver-
lacht zu werden. Die Sache sieht schon anders aus, wenn er
auf eine Bühne flüchtet. Vielleicht ist es das, was wir Zuschauer – in unserer Leidenschaft für die Theatermenschen
so leicht entflammbar – am Talent des Schauspielers benei-
den: Wir schicken diese Menschen in unsere Träume, und
dort verwandeln sie sich in ein Symbol.

Just in den letzten Jahren, da sich für den DDR-Menschen
die Welt öffnete, hat der Schauspieler, jahrzehntelang ein
Protagonist des Deutschen Theaters Berlin, eine Wende gänzlich anderer Art vollzogen: Er ist, über sein Leben nachden-
kend, gleichsam zurückgekehrt ins Provinzielle, in seine Prignitzer Landschaft. Der zweite Wohnsitz als durchaus erster
Gedankensitz. Weil Böwe sich, so abgestanden es klingen
mag, treu bleiben wollte. Treue nicht aus irgendeinem vor-
dergründigen moralischen Imperativ heraus, sondern als
einem verstärkt gehandhabten Mittel, sich fürs Komödiantentum unbeirrbar seiner ureigenen Realitäten zu vergewis-
sern. Nur was man ist, ist verwendbar für die Verkaufsregale
im Unfugladen.

Zu den Wurzeln dieses Schauspielers gehört auch die Fast-
Karriere als Theaterwissenschaftler. Schon bedenkliche 150
Seiten betrug im Jahre 1960 die Doktorarbeit über die gesellschaftliche Stellung des deutschen Berufsschauspielers von
1600 bis 1795 (»eine philosophische Dissertation«), ehe Böwe
auf eine Bühne der Professionellen verführt und der Wis-
senschaft auf immer entrissen wurde. Ein Schicksal, so meint
er heute, das für alle Beteiligten die wahrscheinlich beste
Lösung darstellte.

Aber: Die durchaus sentimentale Hinwendung zu den
brandenburgischen Herkünften, fern aller Künste, das
augenzwinkernd-traurige Plaudern über den Beruf, fern aller
Künstlichkeit, sowie das Erinnern an die historischen Quellen der »komödiantischen Herumalberei« – all dies verführte
den Schauspieler in jüngster Zeit dazu, zur Feder zur greifen
und, im Stil seiner früheren Tagebücher, aus wechselnder

Gelegenheit heraus zu formulieren, welch einem Sinn und Unsinn Theater heute noch zu dienen oder sich zu entziehen habe.

Entstanden ist dieses Buch, eine lose Sammlung von Texten und Gesprächen, ein Brevier von Theater-Stückchen, das auf seine Weise ergänzt, was der Schauspieler in seiner Biographie »Der lange kurze Atem« sowie im Lebens- und Lesebuch »Böwes Fontane« über sich und sein Daseinsverständnis mitzuteilen hatte. Eingefügt in die Gespräche und Feuilletons sind – »höchst willkürlich, höchst irrtümlich, höchst vergänglich« (Böwe) – einige Beobachtungsversuche gegenwärtigen Theaters sowie Interviews mit Bühnenmenschen – »höchst fragmentarisch, höchst angreifbar, höchst unbeispielhaft« (Böwe) –, die des Schauspielers Auffassungen – was er nach wie vor liebt – in einen Vergleich bringen. Es sind Auskünfte von Theatermachern, die auf ganz andere Art als Böwe ihr Treiben im Unfugladen Theater beschreiben.

So drängte es den Autor also sogar noch in eine Herausgeberschaft, deren wichtigster Aspekt wohl – ausnahmsweise! – darin besteht, ihn nicht allein auf offener Bühne zu lassen. Der instinktive Drang zum Ensemble hat eben viele Facetten. Die aber alle aufscheinen im Schauspieler, dem Wunderbarsten, das Theater aufbieten kann. Geliebter Lügner, der spielt, während wir schauen.

Es ist doch seltsam, befand der Schauspieler bei der Arbeit an diesem Buch: Viele meiner Erfahrungen ähneln sich.

Nein, korrigierte er sich bald darauf, viele meiner Erfahrungen sehen mir ähnlich.

Kurt Böwe

ENDLICH SCHLUSS MIT DEM THEATER?

*Wir sind schon am Ende
und treten auf
als ginge es immer so weiter*

Wir im Schauspielerberuf kennen einen Schmerz, den es kaum woanders gibt. Jeden Abend auf der Bühne muß alles von neuem begonnen werden, und selten genug entsteht dabei wahrhaft Neues, Unerwartetes, Erstaunliches. Trotzdem unaufhörlich dieser Zwang pünktlicher und pausenloser Präsenz! Zu dem nichts weniger paßt als ausgerechnet jener Satz, der am meisten übers Theater gesagt wird: Es sei ja alles nur ein Spiel. Was sich leichtfertig Spiel nennt, ist eisernen Gesetzen der Wiederholbarkeit und einer mürbenden, unablässigen Hochspannung unterworfen. Warum resigniert man da nicht? Weil man daran glaubt, das Erstaunliche und Unerwartete, das Neue und Befreiende, das Durchbrechende und einmalig Zauberhafte just heute abend doch zu schaffen, und so macht man weiter und leidet weiter und erhebt auch dies Leiden, ein wenig zumindest, zum Teil der Aufführung, die beim Schauspieler immer weit vorm Einläuten der jeweiligen Vorstellung beginnt.

Theaterspielen ist immer, wie E.T.A. Hoffmann sagte, ein »Weg zum Tod«, bei dem der Schauspieler alle Kräfte anspannt, um vielleicht doch gegen das feststehende Urteil zu siegen, dem seine Arbeit sekündlich ausgesetzt ist: Just im Moment des Spiels stirbt das Spiel. Wie gewonnen, so zerronnen. Alles Mühen gegen diese Unausweichlichkeit ist umsonst, aber, wenn der Schauspieler einen Abend ungewöhnlich gut war, doch keinesfalls vergeblich. Denn Theaterspielen ist wegen dieses Weges zum Tod, gegen den man eben ankämpft, das lebendigste Metier der Kunst; es kann zugleich jedoch das absurdeste sein – wie das Leben selbst, wenn es entzaubert ist.

Wir leben in einer Zeit, die die Sinnfrage nicht mehr arg strapaziert, weil aller Sinn offenbar flötenging. Den politischen Lösungen des Weltblöcke-Daseins, die sich nur als scheinbare erwiesen, folgen nun Auflösungen aller Art. Präziser noch: Reden über Auflösungen aller Art. Unter den Vorschlägen, die der verwirrten und verwirrenden Zeit gerecht werden wollen, geistert nach wie vor auch jener herum, die Theater bis auf weiteres zu schließen. Nicht der schlechteste Rat. Auch deshalb, weil man ihn als Theatermacher kräftig bejahen darf und doch zugleich weiß, daß er als durchgängiges Prinzip, aufgrund seiner Ungeheuerlichkeit, nie verwirklicht werden kann. Diesen Vorschlag »in großer Sorge« zu bejahen, gibt also gerade einem Schauspieler Gelegenheit, sich radikal zu geben, ohne es jemals sein zu müssen. Exakt von solcher Anmaßlichkeit, zu der wir zudem noch ein selbstverständlich heiteres oder grüblerisches Gesicht machen, leben wir Unfugverkäufer. Rebellion? Die Dinge auf einen Punkt hetzen, der wirklich existenzgreifende Konsequenzen fordert? Ach, schade, ach, Gottseidank, das ist das Stück, das immer gerade woanders spielt. Pardon, ich bin da, sicherheitshalber nicht besetzt.

Daß dem Theater ein Teil Sinn abhanden kam, ist zunächst nicht so traurig, wie gemeinhin angenommen wird, sondern Frachtentlastung. Der Umstand ist eine gute Gelegenheit, an bestimmte Ursprünge des Berufs zu denken, die nämlich zuallererst mit fröhlich begangenem Un-Sinn zu tun hatten, mit Markt und blankem Spaß, weniger mit schwerem, hehrem Geist. Freilich erwies sich die mittelalterliche kleiderlüpfende Dreistigkeit der Spielenden gerade durch ihr Bekenntnis zum irdischen Spaß als beinahe staatsgefährdend. Und dies schon zu Urzeiten der Harlekinade. Was der Schauspieler in die Welt brachte, hat die Welt zudem in merkwürdiger Weise an sich gerissen, schauen wir uns um: der Politiker ein Harlekin; der Repräsentant ein Maskenaufsetzer; der Journalist ein Scharlatan; jedes Selbst ein Darsteller – und jeder Mensch ein Verführter und doch zugleich Täuscher, der die Texte seiner sozialen Abhängigkeit auswendig gelernt hat und sie jeden Morgen, wenn die Aufführung namens Alltag beginnt, zum Vortrag bringt, für ein im Grunde uninteressiertes Publikum, den Chefs und Kollegen; der Beifall bleibt meist aus. Was wir Theatermenschen demnach feststellen müssen, ist der Verlust unserer Sonderstellung (welcher übrigens, wie angedeutet, ein langer Weg der sozialen Ausgrenzung, der klerikalen Verachtung und polizeilichen Verfolgung vorausging): Heute ist alle Welt Aufführung; jeder plagt sich in einer Rolle, die er sich in den seltensten Fällen selber aussuchen durfte. Theater ist zurückgekehrt ins Zwielichtige, kurzum: Es ist aufgegangen im Leben. Was einschließt, daß der Theatermensch hie und da schon wieder als Beutelabschneider gilt, dem man in diesen Zeiten trüblicher Sparsamkeit am liebsten heftig auf die Finger klopfen möchte.

Das Theater, bleiben wir bei der Behauptung, sei also im Leben aufgegangen. Nun ist merkwürdigerweise zu bemerken, daß dadurch das Leben nicht lebenswerter und das Theater nicht ansehenswerter wurde. Wir drehen uns im Kreise und kommen erneut bei der Ausgangslage an: Was nun soll der ganze Unsinn noch?

Zwischen dem Leben, das man führt, und einem Sinn, der diesem Leben unbedingt zugrunde gelegt werden möge – von außen, von oben, von der Geschichte gar, unserer vortrefflichen Lehrerin, die leider jährlich den Lehrplan wechselt –, zwischen beidem gibt es offenbar weniger direkten Zusammenhang, als man zu früheren, hoffnungsvollen Zeiten vermutete. Diese Einsicht lehrt uns das Leben. Es sei denn, jeder Mensch ist selbst dieser Zusammenhang, und durch jeden einzelnen wird dieser Zusammenhang anders und einmalig hergestellt. Genau das kann vor allem die Kunst zum Ausdruck bringen, und auch wir im Theater sind Vermittler, die unverdrossen – und letztlich unbelehrbar durch Erfahrung – Leben und Sinn verknüpfen, und obwohl wir praktisch auf beiden Gebieten versagen, bedeutet das nichts im Vergleich zu jener außergewöhnlichen Dimension, die von einem jeden Menschenleben ausgeht. Dies angemerkt in einer Zeit, die durch gnadenlose Individualisierung nichts mehr in Gefahr bringt als jenen einzelnen Menschen, der Freiheit nicht als Freiheit von etwas versteht, sondern als Freiheit zu etwas: zu einem humanen Miteinander und zu einem Freiheitsbegriff, der den anderen nicht aus-, sondern ausdrücklich einschließt.

Weil ich an den einzelnen Menschen glaube, spiele ich

noch immer. Vorsichtiger und bedenklicher als früher, leichter ablenkbar durch alles, was Ruhe und Distanz verheißt. Aber ein Schauspieler, denke ich, ist letztlich unfähig, sich drastisch zurückzuhalten. Also spiele ich, und dies natürlich auch aus lebenslangem Drang, mich auffällig zu machen, aus Unvermögen, mich letztlich aus einer Verführung durch den Applaus hinauszustehlen.

Manchmal will ich mich ganz woanders sehen. Aber der Mensch gehört nicht zu denen, zu denen er sich in Träumen zählt: Nein, wo du angetroffen wirst, dorthin gehörst du. Ich gehöre in die Prignitz – und ab und zu auf eine Bühne, auf der ich durch Verwandlung doch bitte schön nicht entlassen werden möge von mir selbst. Jenes Weisheitsgefühl, zu dem Kunst die Theatermacher verleitet, indem sie ihnen ständig kluge Texte fremder Leute auf die flinke Zunge legt, läßt das Leben irgendwann als schöne Gewohnheit erscheinen – während man sich doch aber an das Leben niemals gewöhnen kann. Gerade darin liegt sein einziger Reiz. Und darin liegt das Paradoxe meines Berufs: Ich übe (wirklich?) Einfluß auf andere aus und weiß selber gar nicht, wer ich bin.

Ein drittes Mal haben Hans-Dieter Schütt und ich zusammen ein Buch geschrieben. Man produziert sich, wie man sich auf einer Bühne produziert. Man redet miteinander und landet bei Erfindungen von Worten und Meinungen. Reden und Schreiben als ein Vorgang, bei dem sich doppeltes Beteiligtsein vermengt. Auch das Theater anderer Unfugladen-Hüter fließt ein. Wichtig. Oder unwichtig. Amüsant, vielleicht. Es ist immer gut, außer sich zu geraten.

Vielleicht spiele ich einfach nur (und schreibe darüber), weil mir dieser Beruf die Gelegenheit gibt, mit dem Zweifelhaften der eigenen Existenz auf eine Weise umzugehen, die mich – am Leben läßt. Das gebe ich zu. Und etwas zugeben heißt: es propagieren.

I.

DER UNFUGLADEN
Eine Unterhaltung

Ein gewisses Talent für das Theater
schon als Kind
geborener Theatermacher wissen Sie
Theatermacher
Fallensteller schon sehr früh

Kurt Böwe, worüber reden wir.

Über das Stück-Werk Theater. Über einen Mann, der beteuert, er wolle aufhören, aber in Wahrheit bekennt er: Ich kann nicht aufhören. Der Beruf, sich auf Bühnen hinaufzuwagen – erst hinaufzuspringen, dann hinaufzuzwängen –, hat einen diabolischen Zug. Du kannst nämlich Leute bannen, du spielst mit ihnen, hast sie manchmal auf dem Daumen. Und keiner soll mir sagen, das sei nicht so! Weder haben wir Schauspieler das Schießpulver erfunden, noch können wir mit etwas anderem kochen als mit Wasser. Aber trotzdem ist Bescheidenheit unsere Sache nicht.

Ich weiß, daß Sie ein paar Sätze weiter das Gegenteil behaupten werden. Genau das Gegenteil.

Ich bin nicht zum Theater gegangen, um die Menschen zu bessern, sondern mein eitler Spieltrieb hat mich da hinaufgebracht. Das Bewußtsein wird vom Sein bestimmt. Das Bewußtsein des Schauspielers auch von dem, was er gern sein will.

Nochmal: Ich weiß, daß Sie ein paar Sätze weiter das Gegenteil behaupten werden. Genau das Gegenteil.

Stimmt.

Thomas Mann sagte, und Sie zitieren es sehr gern: Die Theaterkunst sei die hemdsärmligste aller Künste, und er meinte es wohl nicht als Kompliment.

Ist das überhaupt Kunst, was wir da betreiben? Ein fremder Text, ein Regisseur, der genauso sekundär ist wie wir Schauspieler – ach, wir reproduzieren doch nur, wir sind Kopisten. Im Russischen ist der Maler ein Künstler, ein Chudoshnik, der Schauspieler ist nur Aktjor, ein Akteur. Man muß in unserem Metier zur Exaltation gemacht sein – was ist daran Kunst? Wir leben von Redensarten, die uns nicht gehören. Aber andererseits: Was macht das schon? Ein geliebter Lügner zu sein – das ist doch fast schon das Höchste, was man im Verhältnis zu einem anderen Menschen erreichen kann.

Also keine Kunst gar auf Leben oder Tod.

Gestorben ist auf einer Bühne meines Wissens noch keiner – es sei denn, daß sich einer den Säbel in den Leib hieb, weil er die betreffende Szene bei den Proben nicht richtig trainiert hatte. Treffendes über unseren Beruf erzählt der Lieblings-Schauspielerwitz Heiner Müllers: Kommt ein arbeitsloser Schauspieler zu einem Zirkusdirektor und fragt nach einer Anstellung. Der Zirkusdirektor fragt, an was für eine Nummer denn der Schauspieler gedacht habe. Der entwickelt sofort seine Idee: Die gesamte Manege wird mit Scheiße gefüllt, und oben am Zirkuszelt wird eine dicke Kugel installiert. Sie wird ausgeklinkt, fällt in die Manege, und der gesamte Dreck spritzt in die Zuschauer, die sind allesamt von oben bis unten besudelt. – Was denn, fragt der Zirkusdirektor konsterniert, das soll alles sein? – Moment, unterbricht ihn der Schauspieler, das ist keineswegs alles. Denn dann komme ich – und zwar ganz in Weiß!

Das ist zwanghaft beim Schauspieler, daß er das Weiß inmitten der Scheiße sein will. Und zwanghaft ist auch, daß er das Maul nicht halten kann. Er fühlt sich immer aufgerufen. Und nun hat er hin und wieder sogar einen eigenen Gedanken. Den möchte man natürlich loswerden. Und da ich ein ziemlich durchdringendes Organ habe, macht sich das manchmal sehr breit. Hast du schon als Kind so eine dicke Stimme gehabt? fragte mich meine Enkelin Lilly. Man findet sich als Schauspieler ständig in den falschen Momenten bedeutend. Von meiner Frau Heide krieg ich dann einen Schubs unterm Tisch. Ah, sag ich dann, man hat mich soeben auf unsanfte Art benachrichtigt, daß ich mich eitel sonne. Heide meint, mein Benehmen käme von der Kuhbläke, aus der ich stamme. Mag sein.

Wichtiger ist wohl, daß mir der liebe Gott einen hilfreichen Zug mitgegeben hat: Selbstironie. Ich denke, daß ich mit dem Zuwachs an Erfahrung nicht nur als Darsteller brauchbarer geworden bin, sondern möglicherweise ein bißchen bescheidener werde. Obgleich: Ist ein bescheidener Schauspieler nicht eine contradictio in adjecto?

Sie sprechen vom Theater als einem Unfugladen. Nestbeschmutzung also?

Nein. Aber wenn ich diesen Begriff, so leichtsinnig hingeworfen, wie es meiner Profession entspricht, jetzt mit einem Sinn erfüllen soll, dann komme ich freilich ins Stocken.

Unfug und Sinn, wie soll das auch zusammenpassen.

Es ist wohl logisch, daß sich Theater am Ausgang eines hochproblematischen Jahrtausends zunehmend in Unfug verwandelt. Ich glaube, daß es schwer und schwerer wird, innerhalb des Gesamtwirrwarrs dieser Welt etwas Verbindliches auch auf dem Theater zu produzieren. Es ist eben alles Unfug geworden.

Unfug ist doch weniger die Entartung des Theaters als vielmehr sein Ausgangspunkt.

Ja, auch wieder wahr. Denn wir sind natürlich andererseits auf diesen Begriff gekommen, um niedrigzustapeln. Der Schauspieler hat es gern, daß er laut korrigiert wird, wenn er sich allzu leise gibt. Um groß herauszukommen, muß sich der Schauspieler ganz klein machen: Er muß Kind werden. Und wann sind Kinder am kindlichsten? Wenn sie spielen, wenn sie also unbedenklich Ordnung zerstören – und dann sagen die Eltern: Hört auf mit dem Unfug! Das genau ist der Punkt. Denn der Spieltrieb bildet den Anfang allen Theaters. Diese merkwürdige Beschäftigung des Bühnebetretens kommt aus dem Bedürfnis, endlich mal ein wenig auffällig zu sein im Weltengrau. Und also gehen die Komödianten auf ein Podest und machen Faxen, so wie ich das auf dem Stoppelfeld daheim hinterm Dorf gemacht habe, als Junge, der ansonsten kaum zu gebrauchen war.

Theater beginnt absichtslos?

Alles, was lebt, beginnt absichtslos. Das europäische Theater begann auf den Marktplätzen und zählte dort zu den absoluten Wertlosigkeiten. Auch das Shakespeare-Theater war ein Ding aus Holzgerüst und Geschrei. Wahrscheinlich regnete es ungehindert auf die Bühne, und alle pißten unter sich, weil schon damals alle Veranstaltungen immer viel zu lange dauerten. Eines Tages wurden diese Spielleute rausgeschmissen, weil die Politiker fanden, daß sie große Säue sind und Schweinehunde. Da bestiegen die Komödianten irgendwelche blöden Schiffe, fuhren aufs Festland und lärmten dort weiter.

Übrigens, zu Shakespeare: Fontane hat in seinen Theaterkritiken zu Recht darauf verwiesen, daß man in Deutschland einen Shakespeare nie hat richtig spielen können – weil man ihn stets nur für die Gebildeten spielte. »Das klingt sonderbar und ist doch klar und verständlich für jeden, der Gelegenheit gehabt hat, eine deutsche Aufführung des Shakespeare mit einer englischen zu vergleichen. Wir sind beständig darauf aus abzutönen, die krassen Stellen wegzuschneiden, nirgends Anstoß zu geben, weder durch die äußeren Schrecken noch durch den äußersten Humor; wir sind in beständiger Furcht, was unsere Neunmalklugen dazu sagen werden.« Fontane spricht von Shakespeare auf deutschen Bühnen als von einem »entmannten Shakespeare«. Man ist in Deutschland immer froh, wenn die Komödie vorüber ist.

In Ihrer Fragment gebliebenen Doktorarbeit »Die gesellschaftliche Stellung des deutschen Berufsschauspielers 1600 bis 1775«, geschrieben Ende der fünfziger Jahre an der Humboldt-Universität, gingen Sie auch den Vorwürfen nach, die im Mittelalter gegen den Stand des Mimen erhoben wurden. Und wenn ich Sie recht verstehe, sind es just diese Vorwürfe, die das herrlich Unfughafte des Theaters deutlich machen.

Welche Gründe vorgebracht werden, um ganze Personengruppen als minderwertig und im Recht eingeschränkte Mitglieder der Gesellschaft zu behandeln, ist wiederkehrend immer dasselbe. In bezug auf die Komödianten und andere anrüchige Personen hat es der Frankfurter Gelehrte Itter

(1698) einmal besonders einprägsam gefaßt: Es sei leichter, dem Herkules die Keule zu entwinden, als das Volk – die große Menge – von einmal gefaßten Meinungen und Entschlüssen abzubringen; anrüchige Personen schätze es oft hoch, während es unschuldigen einen Schandfleck anklebe! Er selbst spricht zwar in diesem Zusammenhang vom Scharfrichter und entsprechenden Gruppen, meint aber erkennbar auch andere anrüchige Personen.

Grundsätzlich und allgemein richten sich die Vorwürfe der Kirche zunächst und vor allem gegen das Theater selbst und den Gegenstand der Darstellungen. Ob der Stoff biblisch oder weltlich ist, alles wird als sündhaft gewertet. Unterschiedslos werden Possenreißerei, Haupt- und Staatsaktionen und wertvolles Kulturgut nur von einem Blickpunkt her gesehen. Das kommt zum Beispiel schon früh in den Anträgen der Universität Halle zum Ausdruck, das Theaterspiel zu verbieten: Es würden nur Unzucht, Schande, ja sogar Ehebruch und Zauberei – beides todeswürdige Verbrechen – dargestellt. Die feineren Unterschiede der dichterischen Gestaltung eines Stückes, der künstlerischen Gestaltung durch den Schauspieler wurden nur von wenigen bemerkt, Wert und Minderwertigkeit oder gar Mißbrauch in den Darbietungen nicht immer scharf unterschieden. Die Wirkung des Spielens auf die Komödianten selbst gilt als besonders verhängnisvoll, weil sie ihr ganzes Leben diesen verwerflichen Gegenständen widmen und beruflich davon leben, »Geld-Comödianten« sind, wie es heißt. Dies ist der wesentlichste Vorwurf. Im Unterschied zum Liebhaber, dem Laienspieler, geben sie sich um Geld preis, um Gut und Lohn, wie von frühester Zeit an schon im römischen Recht ihnen entgegengehalten wird. Dieses Preisgeben, oft betont, wird Laienspielern nicht angerechnet. Im Gegenteil, es wird mitunter aus einer religiösen Grundhaltung heraus zu allgemeinbildenden, erzieherischen Zwecken durchaus gebilligt. Aber um irgendeinen Lohn vor täglich anderen Zuschauern zu spielen, nur um sie zu belustigen und ihre Sinne zu erregen, das ist verächtlich, steht außerhalb aller die Gesellschaft bindenden sittlichen Werte. Mittelalterliche Rechtsquellen sprechen verächtlich von Spielleuten und anderen Personen, die Gut für Ehre,

Gut um Ehre nehmen. Ehrverlust tritt dem alten germanischen Ehrbegriff entsprechend dann ein, wenn man sich, wie zum Beispiel die Komödianten, mit seinen künstlerischen Fähigkeiten verkauft, Bezahlung nimmt statt ehrenvoller Anerkennung. Das ist eines freien Mannes unwürdig. Dieser Vorwurf zieht sich durch alle Jahrhunderte hindurch. Aber es gibt doch auch schon andere, sehr neuzeitlich anmutende Auffassungen, und diese leiten die Umwandlung ein. So weist zum Beispiel E. A. Stryk mit einem Gutachten der juristischen Fakultät Wittenberg (1688) im Hamburger Theaterstreit darauf hin, daß es die Komödianten mit ihrem Spiel nicht auf Gewinst abgesehen haben, sondern auf eine »zuläßliche Gemüths-Ergötzung ... ingleichen auf das Auffnehmen der teutschen Ticht- und Singekunst gerichtet etc.« Es wird also schon ein künstlerisches Ziel erkannt und als gleichwertig wie andere Berufsziele anerkannt. Das Geld ist danach, wie weiter gesagt wird, Lohn für ihre Arbeit und ein Ausgleich für ihren sonst notwendigen Aufwand.

Ein weiterer Vorwurf, ebenfalls sehr alt, schließt sich hier an: Die Komödianten verkaufen sich um eines Scheins, ja um der Lüge willen, der sie ihr Leben gewidmet haben. In dieser Welt des Scheins und der Lüge müssen sie sich, ihren Rollen folgend, dauernd verwandeln und etwas vortäuschen, was sie nicht sind. Mitunter wird dazu einzelnes, in den Bußsummen der Kirche und im verwandten Schrifttum, aufgegriffen, zum Beispiel von groben körperlichen Entstellungen und Bewegungen gesprochen, von sonstigen Unanständigkeiten, wodurch das Bild Gottes in seinem Ebenbild beschimpft werde. Auch die Kleidung, die im Ständestaat eine bestimmte Aufgabe zu erfüllen hat, wird in diesem Zusammenhang gesehen. Sie wird scharf beurteilt und verurteilt, sowie sie in irgendeiner Hinsicht der Täuschung dient. Dies alles muß, so wird weiter geschlossen, schädigend auf die Seele des Komödianten wirken. Denn wer ein solches Dasein des Scheins und der Verstellung lebt, kann auch in Wirklichkeit nicht anders sein. Müßiggang, Leichtfertigkeit, Sittenlosigkeit und Gottlosigkeit sind die Folge, sie werden auch öfter als Voraussetzung gesehen und stellen die Komödianten damit außerhalb der anders lebenden Gesellschaft. So die immer wiederkehrenden Äußerungen, auch in Erläuterungswerken zum römischen Recht, die auf Kirchenväter und zeitgenössisches theologisches Schrifttum verweisen. Nur in einigen Schriften sieht man Ansätze zu einer ernsthaft würdigenden Einschätzung künstlerischer Arbeit und künstlerischen Lebens, mag auch manches noch in einer etwas farblosen Duldsamkeit steckenbleiben.

Aber diese Welt des Scheins, so wird weiter vorgeworfen, wirkt durch ihre Darsteller dem notwendigen Ziel entsprechend vor allem auch nach außen, auf die Zuschauer. Sie wirkt auf die andere Welt, die achtbare Gesellschaft, besonders auf das »gemeine Volck«, das ohne Urteilskraft alles hinnimmt. Hier setzen ebenfalls von früh an die abwehrenden Vorwürfe ein. Was zum Beispiel in den Anträgen der Halleschen Universität wie auch in vielen kurfürstlich-königlichen Erlassen geäußert wird, kreist immer um dasselbe: Es ist der Anreiz für die Zuschauer, dem auf der Bühne Dargestellten nachzuleben, die Gemüter »zu vereiteln«, wie es oft heißt, und damit völlige Sittenverderbnis und Gottlosigkeit heraufzuführen. Wenn man auch den Eindruck gewinnt, daß sich die Vorwürfe in dieser Zeit bereits mehr gegen Possenreißen, niedere Formen und Mißbräuche der Wanderbühne richten, da meistens davon die Rede ist, so treffen sie mehr allgemein gehaltenen Verbote doch in der Regel ebenso auch berühmte hochstehende Truppen, wie etwa die der Catharina Elisabeth Velten, die gegen die Pietisten stritt, und andere. Ganz besonders aber ging es aus erzieherischen Gründen der Universität darum, die studierende Jugend vor diesen Einflüssen zu behüten. Immer wieder wird betont, die Jugend werde von dem Studium abgehalten, zu faulem, liederlichem Leben, zu Müßiggang und »sündlichen bösen Reitzungen« verführt. Die Vorstellungen gäben Anlaß zu Händelsucht und Schlägereien. Das ist in Halle öfter, mitverursacht durch die Gegenwart der Garnison, vorgekommen. Dies alles sei im höchsten Maße für künftige Staatsdiener unschicklich und zur Blamage der Universität, für deren neuen Ruhm man fürchtete. Auch auf die wirtschaftlichen Folgen wird nachdrücklich hingewiesen, auf den Reiz zu »sündlicher Üppigkeit«, das heißt den Reiz, dafür Geld zu verschwenden, was den Studien gewidmet sein sollte. Umgekehrt wird aber auch öfter darauf hingewiesen, daß die Komödianten diese Einnahmen durchaus nicht immer im Lande verzehren, sondern außerhalb des Landes tragen, also doppelten Schaden anrichten. Die königlich-preußische Regierung half sich aus diesem Grunde damit, eine Sonderabgabe für die Armenkasse zu verlangen; sie war in gleicher Höhe mit der Akzise zu leisten. In einem Edikt vom 6. Dezember 1701, das auch andere Berufe traf, sagt sie eingangs ganz nüchtern, zusätzliches Staatseinkommen schaffen zu müssen, wozu auch die Komödianten mit herangezogen werden.

Also kurz und gut: Die Komödianten gelten, beizeiten, als zwielichtige Gesellen, und freilich denken wir da an das Bild von Hieronymus Bosch. Die gewieften Burschen kommen auf den Jahrmarkt und schneiden den Leuten den Beutel vom Leib. So ziehen sie von Markt zu Markt – dazwischen immer wieder Gefängnis und nicht etwa die Salzburger Festspiele.

Spielen: der reinste Unfugladen! Mit Ihnen darüber zu reden, kann nicht an biographischen Wurzeln vorbeigehen. Ihre jüngste Arbeit fürs Fernsehen war nicht ein Film in der Reihe »Polizeiruf 110«, sondern »Die Brandenburger. Chronik eines Landes«. So heißt eine 1998 entstandene siebenteilige Fernsehserie des Ostdeutschen Rundfunks Brandenburg unter der Gesamtleitung von Johannes Unger. Mit biographischen Bemerkungen führten Sie durch die Filme. Unger und Lew Hohmann haben zu dieser Dokumentarreihe ein Interview mit Ihnen geführt, und da heißt es: »Kurt Böwe, der Erzähler, ist selbst Brandenburger. Seine Großeltern waren hierher gekommen, wie so viele, die ihr Glück in der Streusandbüchse versuchten. Böwe war fortgewesen als Schauspieler und war doch immer hier. Einen Teil der wechselvollen Geschichte dieses Landes hat er selbst erlebt, am Ende ist zu wenig Zeit für ihn, um in einer wiederum neuen Zeit heimisch zu werden. Aber da sind ja die Allee und ein Haus und eine Bank davor und die Liebe zu Fontane, die ihm, im Alter, die Liebe zum eigenen Stück Heimat auf besondere Weise entfacht hat.« Und dann hebt Böwe, in diesem Interview, zu einer längeren Rede über die Brandenburger an, und wer sie liest, weiß eigentlich schon eine Menge über den Schauspieler Böwe. Das heißt: über den Provinzler Böwe.

Ja. Wer sind die Brandenburger? Das ist schwer bestimmbar. Wahr ist, daß ich wohl einer bin. Und wahr ist, daß dieser Landstrich auch etwas Besonderes ist. Viel Sand, Kiefern und Kasernen und Sand. Ein Staat, der sich durch die Preußen errichtet hat, um den Leuten hier, die arme Leute waren, eiserne Disziplin einzubleuen, rigorosen Fleiß – damit überhaupt etwas in diesem Land geschehen kann. Das ist schon in den Leuten drin, glaube ich, und das liegt auch in mir. Mein Vater war ein strenger, großer, ehrgeiziger Mensch, er konnte Unordnung nicht ausstehen. Mein Bruder und ich mußten jeden Sonnabend den Hof und die Straße fegen, und da durfte wirklich nicht mehr ein Strohhalm liegen. Absolute, penible Ordnung. Ob man das nun Tugenden nennen soll, weiß ich nicht – es hat sich auch pervertiert, wie wir wissen, sonderlich in den Armeen.

Was mich betrifft, so bedeutet mir Heimat das ein für allemal Geworfensein in diese Gegend, auf dieses Stück Erde. Das hat sich mit mir vereint. Meine Wurzeln sind hier, mein Wachsen ist hier angelegt und durch diese Landschaft, durch diese Menschen in eine ganz bestimmte Richtung gefördert worden. Natürlich hatte ich das große Glück, daß ich meinen Kopf in Bewegung setzen konnte – ich habe ja mein Abitur gemacht, ich habe studiert, die deutsche Sprache und Literatur. Ich konnte eigentlich gar nicht richtig deutsch sprechen, eher plattdeutsch. Und das Plattdeutsch hat eine ganz simple Grammatik, so daß wir immer mir und mich verwechseln und dergleichen, was einem natürlich dann, wenn man in die Stadt geht, Komplexe einjagt.

Allein die Sprache hier in der Prignitz. Die ist sehr, sehr trocken, sehr spröde. »Sag mal Kurt, wat hast du denn nu da mogt da, an der Unität, was? Wenn't wat hilft, denn is ja gut.« So geht das. Eigentlich ganz gefühllos fast. »Hubert, gib mir mal nen Bier.« – »Kurt Böwe, ich hab dich neulich im Fernsehen gesehen. (»Broddi«). Det war so'n Film, der spielt inne Landwirtschaft, nee, inne Braunkohle. Ja, wat hast du dir denn dabi jedacht, und dat noch bei Pfingsten.« So sind die

Leute hier. Wenn sie da in der Kneipe sitzen, bevor da einer den Mund aufmacht, das dauert schon ein bißchen. Skeptisch sein, nicht zuviel von sich preisgeben, außer vielleicht, wenn man furchtbar einen in der Krone hat. Besonders quicklebendig sind sie wirklich erst, wenn sie in die Hemmungslosigkeit hineingesoffen sind. Mir gefällt das. Es ist nicht jedermanns Sache, aber ich finde, das ist ein verläßlicher Menschenschlag. Die Leute, die dich hier umgeben, mit denen kannst du leben. Das sind Leute, die dir die Hand hingeben. Und wie oft braucht man eine Hand. Hier im Dorf kann man nicht ganz allein sein. In einem Dorf ist man voneinander abhängig.

Früher, als noch nicht alles kollektiviert war, haben sich die Bauern gegenseitig geholfen. Beim Rübenziehen oder Kartoffelhacken. Und da haben die natürlich rausgekriegt, der Kurt, der Hund, der macht immer Leute nach. Und wenn sie dann so dieses Frühstück hatten, das schöne weiße Laken da auf den Stoppeln und die Leberwurst, alle sitzen so rum, alles ist stumm, und dann sagt einer: »Wo ist'n Kodi? Kodi, mach mal Faxen.« Und dann hatte ich, wie schon erwähnt, natürlich meine Nummern, ich hab sie nachgemacht. Dann haben sie immer gesagt: »Kodi, in dir steckt der Düwel.« Das ist eben das Puritanische hier. Vorsicht! Wäsche weg! Die Komödianten kommen. Die Kunst als ein fremdes Element, abgehoben, spinös, anmaßend. Da haben wir es wieder: Anmaßung gehört zur Natur des Schauspielers; ich glaube, daß er einen gewissen Hochmut haben muß, nein, nicht schlechthin haben muß, er muß ihn sich geradezu erarbeiten. Was er von Natur haben muß, ist dieser Wahn, seine eigenen Faxen und Geschichten so wichtig zu nehmen, daß sie anderen unbedingt mitgeteilt werden müssen. Es ist furchtbar mit diesen Schauspielern. Das sind Egoisten. Du kommst nicht zu Wort bei denen. Sie müssen dauernd von sich reden. Nicht genug, daß sie da oben auf der Bühne herumstehen und auch nichts anderes tun als reden, reden, reden. Schauspieler müssen auffallen und laut herummimen, selbst dann, wenn sie schweigen.

Im Gegensatz zum Schweigen der Prignitzer, das wirklich ein Schweigen ist. Ich habe hier auf dem Acker gearbeitet, und wenn du da deine zehn Stunden in brennender Sonnenglut mit deinen beiden Zossen mit dem Pflug rumgehst, ist das einzige Gespräch, das du führst, »Hü!«. Im Grunde sprichst du nicht. Deine Gedanken haben keine großen Wege. Wenn du da arbeitest, hörst du nicht, daß die Vögel singen. Daß die Bäume blühen, siehst du nicht. Die Aufmerksamkeit ist immer auf die Ackerkrume gerichtet, die sich da staubig vor dir herwälzt. Es ist eine gewisse Tristheit in diesem Beruf, mit der Poesie ist da nicht viel zu machen. Und das hab ich immer dem Strittmatter gesagt, Alter, du bist eben ein Zugereister. Du hörst mir zu sehr das Gras wachsen, das kann ein Bauer nicht, dazu hat er gar keine Zeit. Der arbeitet von früh bis in die Nacht. Und der guckt nur, was der Himmel sagt – man denkt, daß diese Arbeit phantasiebefördernd ist. Das glaube ich nicht. Überhaupt nicht.

Spuren von Geschichte sind überall zu finden im märkischen Sand. Man muß sie nur lesen können. Das versuchen wir in dem Film, denn man möchte der Wahrheit doch ein Stück näher kommen, um es bescheiden auszudrücken. Unanfechtbare Wahrheiten gibt es überhaupt nicht, und wenn es welche gibt, dann nur als das, was ich immer gemacht habe: Es ist die Suche nach meinem Ich.

Daß die Menschen hier sich nicht groß mit ihrer Geschichte beschäftigt haben, kann man ihnen nicht zum Vorwurf machen. Dazu ist dieses Jahrhundert zu beladen mit Fluch und Krieg und allen möglichen Dingen. Sie hatten es schwer, zu sich zu kommen. Und die verschiedenen Ideologien – die Menschen hier sind nicht geboren, Ideologen zu sein. Das sind Leute, die einfach den gierigen Wunsch haben, zu leben. Ich hoffe, daß die Leute, wenn sie siebenmal im Sessel sitzen und den Film ansehen, ein Aha-Erlebnis haben. Daß ich sozusagen ihr Vertrauter bin und ihnen die Angst nehme vor der Gewalt dieser Geschichte. Das scheint mir wichtig, daß man Geschichte auch erzählt durch einen Menschen, der hier gelebt hat und lebt, und der den Leuten plötzlich sagt: Bleib sitzen, hör zu, schau.

Ich habe gelernt aus der Geschichte. So weit das möglich ist. Ich habe mich ganz intensiv beschäftigt mit dem Faschismus. Ein Alptraum. Und je mehr ich erfuhr, um so mehr kam

Harlekin-Varianten

ich in Scham. Ich bin in erster Linie ein Antifaschist. Und ich
bin ein sozial denkender Mensch. Ich war sehr krank, und
ich suchte immer die Hilfe der anderen. Und wenn du selbst
nicht gut bist, kann du keine Güte verlangen. Ich hatte auch
nie eine Beziehung zu Geld. Ich wußte, das mußte man offenbar haben. Reichtümer wollte ich nicht, ich war also schon
sehr dafür, daß man eine andere, gerechtere, soziale Welt
macht. Ging aber alles sehr langsam, da wurde uns wieder
einer vorgehalten, der hieß Stalin. Und das war nicht mein
Mann; damals in die Partei einzutreten, war bei mir nicht
möglich. Als Chruschtschow Stalin gleichsam stürzte, gewann
ich Vertrauen zu dieser Sache und dachte, ich müßte jetzt
vielleicht, da wir den Versuch freier machen könnten, daran
teilnehmen. Das habe ich auch. Aber immer so ein wenig wie
ein unsicherer Kantonist. Wie Fontane, auf den ich in späten
Jahren meines Lebens kam, bei dem ich entdeckte, daß dieser fromme Preuße plötzlich Zweifel bekam. Wie ich auch.

Ich weiß, daß alles, was ich gemacht habe, ein Fragment bleibt. Daß der Mensch zur Vollkommenheit nicht gemacht ist, daß er nur beitragen kann. Ich möchte ruhig die Schrammen zeigen, die ich habe. Meine Irrtümer. Nur der Irrtum ist das Leben, sagt Fontane. Die Wahrheit ist der Tod. Und ich glaube, das ist nicht schlecht, wenn man durch Irrtümer geht. Man kann aus Irrtümern nicht unbedingt klug werden, aber man kann seine Erfahrungen besser prüfen. Das, was man getan hat, in Frage stellen. Bei Fontane, im »Stechlin«, sagt diese wunderbare Frau Melusine: Ich begreife mehr und mehr, daß meine Verfehlungen und meine Irrtümer meine Segnungen sind.

Vielleicht kann »Die Brandenburger«, die Chronik dieses Landes, meinen Landsleuten ihre Geschichte etwas bewußter machen. Woher kommst du, was ist das, deine Geschichte, von der du nichts weißt. Dafür kannst du nichts. Wir wollen dir zeigen, woher du kommst, vielleicht wer du bist. Das heißt,

Der fahrende Scharlatan. Radierung von F. A. Maulpertsch. Die Vielfalt possenreißerischer Darbietungen soll die Zuschauer verwirren und vom Zähneziehen ablenken. Wichtigstes Requisit: die Kasse

ein Stück bewußter mit sich umzugehen, ein ganz kleines. Das ist aber auch alles. Ich bin überzeugt, daß uns das gelingen könnte.

Kurt Böwe, das war ein Schelldurchlauf nach bewährtem Prinzip: Um ein Wort gebeten, folgt eine ganze Rede. – Sie haben allen Grund, glücklich zu sein.

Das stimmt, aber von wem wissen Sie das?

Vom großen Berliner Schauspieler Alexander Granach. Der hat es ausgerechnet: Lear ist einhundertzwölf Jahre alt, Mephisto fünfzig, Hamlet dreißig, Franz Moor so um die fünfundzwanzig, Shylock ist sechzig und Othello vierzig Jahre alt, macht zusammen dreihundertsiebzehn Jahre. Die kann ein Protagonist am Theater glatt – gut, wir spitzen jetzt sehr, sehr zweckdienlich zu – in etwas mehr als einer einzigen Spielzeit schaffen. Wenn man also dreißig Jahre schauspielert, lebt man neuntausendfünfhundertzehn reiche Jahre statt erbärmlicher siebzig. – Reden wir über diese seltsame Art, mittels Theater sein Leben zu verlängern. Der Schauspieler Boy Gobert meinte eines Tages: Ich verstehe nicht, warum ich als Erwachsener frühmorgens aufstehe, um mir abends rote Schminke ins Gesicht zu schmieren.

Richtig. Als Peter Stein 1992 William Shakespeares »Julius Cäsar« inszenierte, in der Salzburger Felsenreitschule, da spielte Gert Voss den Marc Anton. In einem Interview erzählt Voss: »Bei der ersten öffentlichen Probe von Stein zeigte sich das Publikum beeindruckt, ja betroffen. Der Antonius hebt dann nach seiner großen Rede, ›und Brutus ist ein ehrenwerter Mann‹, die Leiche des Cäsar hoch. Statt dem Marin Benrath lag da noch eine Puppe. Das war von ungeheurer Wirkung, diese Puppe, so roh und eingehüllt in rotes Tuch. Ich reiß also das Tuch weg, um den Plebejern die Leiche zu zeigen – und da lacht im Publikum ganz laut ein Kind. Peter Stein sagte später, in diesem Moment sei alles in ihm zusammengebrochen, aber es sei ihm halt auch aufgegangen, daß die feierliche Szene etwas sehr Komisches hat. Das Kind hatte gedacht, ein echter Leichnam käme zum Vorschein, aber was zum Vorschein kam, war eine Attrappe, war Spiel, Unsinn. Im Grunde, wenn man's sehr rational betrachtet, ist es ja peinlich, wie erwachsene Menschen so etwas mit ungebrochener Feierlichkeit betreiben. Aber zum Glück kommt immer wieder dieses Kinderlachen. Es zerstört die Erhabenheit, aber es erlöst auch. Im Theater besteht die Erlösung in einem Kinderlachen.« Also: Richtige Erwachsene – das sind Schauspieler nie. Die leben eingesperrt in dunklen, verschlossenen Räumen und erfinden jeden Tag die Welt neu, und je größer die Rollen und die Gagen, desto größer das Gefühl, Gott zu sein.

Götter oder Gott? Gott ist doch mehr.

Nein, Götter! Weil Götter etwas Wesentliches von Gott unterscheidet: Götter erscheinen. Schauspieler auch. Das ist Voraussetzung ihrer Existenz.

Rudolf Münz, theaterwissenschaftlicher Professor, Böwe-Mitstudent an der Humboldt-Universität und Böwe-Freund, schreibt in seinem jüngst erschienenen Buch »Theatralität und Theater« über das Harlekin-Prinzip: es steht für ein »anderes Theater«, es steht für den Genius des Lebens schlechthin. Damit betreten wir noch einmal, anknüpfend an das, was Sie vorhin sagten, den historischen Grund, auf dem Ihr Beruf gewachsen ist. Es geht um eine unmittelbare Verbindung des primitiven, obszönen, gemeinen Gauklertums »mit dem praktischen Gemeinschaftsleben: befriedigende Arbeit und Lebenssicherung, Fortpflanzung, Kampf, Tod und Wiedergeburt des tätigen Menschen sind die Themen, geprägt von karnevalistischem Geist und von Elementen der Lachkultur als Ausdruck des Schöpferischen schlechthin«. Da ist die Rede von der »merkwürdigen Dialektik von Kontinuität und Atavismus, von Ambivalenz zwischen folkloristisch-mythologischem und historisch-aktuellem Bewußtsein.«

Exakt! Sag ich ja auch. Ich sage es nur kürzer, lieber Rudi: Das Theater ist ein Unfugladen.

Die karnevalistische Verkehrung hatte mal ein Ziel, die für heutiges Theater auch gelten könnte?

Im Rückkehr zum Mimus sehe ich eine Chance, ja. Das frühe europäische Theater versuchte, sich mit Lärmakrobatik auf den Jahrmärkten Gehör zu verschaffen. Von den englischen Komödianten hatte man gelernt, Literatur zu verballhornen und zu simplifizieren. Wie sonst außer mit Knalleffekten sollte man sich Zuhörer schaffen! Nur Großmäuligkeit half. Diesen Ursprung kriegt das Theater nicht los, dieser Geruch haftet an den tiefsten und edelsten Gedanken. Das ist ein Beruf, der dauert so lange, wie ein Jahrmarkt dauert, und keiner muß denken, daß er vom Kopfe her zu Ewigkeiten verpflichtet sei. Das zu begreifen lehrt uns der Körper. Der wird nämlich alt. Wenn ich in die Baracke des Deutschen Theaters schaue – und ich gebe zu, ich schaue dort hin mit einem gewissen Befremden, denn es wird die Welt verhandelt, die

die meinige ablöst –, dann sehe ich aber, daß man dort sehr selbstbewußt die Trivialisierung des Gewerbes betreibt, man kehrt zum Mimus zurück.

Was denken Sie denn über Thomas Ostermeier, den »Intendanten« dieser Baracke, der die Schaubühne übernehmen wird, ein von Ruhm arg belastetes Haus?

Der Mann ist ja Produkt unseres Intendanten Thomas Langhoff. Der hat sich selber den Stachel der Jugend ins ehrwürdige Haus gesetzt. Das muß erstmal einer so nachmachen. Ostermeier ist, vermute ich, ein Besessener. Der weiß, daß Leben heißt: eine Sache leidenschaftlich machen und allen Rest, der sich der Selbstausbeutung verweigert – abtropfen lassen. Das tut wohl und weh, denke ich mir. Und der Kerl hat für beides ein breites, vulkanisches Lachen. So lachte früher Peymann, als er noch dachte, er könne alle Welt zur Weißglut bringen und gleichzeitig dafür geliebt werden. Ostermeier wird künstlerischer Leiter eines der kompliziertesten Theaterorganismen, der Schaubühne. Zu erhoffen ist schöne Selbstpreisgabe an ein Theater, mit dem er anarbeitet gegen Zyniker und Highlight-Heilige. Und ein Theater, das inmitten älterer depressiver Theatermacher Berlins behauptet: Ja, man kann in der Wüste Fisch bestellen! Und man kriegt ihn auch noch!

Kurt Böwe, kann man sagen, Ihre Liebe zum Theater sei Publikumsliebe?

Wenn einer auf die Bühne tritt, kann er nicht von sich allein leben. Theater entsteht durch Publikum. Wenn im Parkett keiner sitzt, kann der sich auf der Bühne alle Genialität der Welt bescheinigen lassen, die wird ihm nichts nutzen. Und weil das Publikum so wichtig ist, gehöre ich zu denen, die ganz gern mal runterschmulen, ob denn auch noch alle da sind. Sicher ist sicher. Wenn ich meiner kleinen Tochter Winni früher immer vorlesen mußte, lief sie sehr schnell zu ihrer Mutter: Papa ist eingeschlafen! Ja, weil mir ein Zuhörer immer zu wenig war!

Das Theater hat sich, etwa am Ende des 18. Jahrhunderts mit seinen Mitteln – und das schreibt Rudi Münz – einem Prozeß widersetzt, der, laut Marx, zur »Disziplinierung des neuen Zustandes« führen sollte. Das Theater arbeitete gegen die Normierung und Regulierung aller Trieb- und Affektvorgänge, gegen die Zähmung des Natürlichen durch »Zivilisation« und »Erziehung«, gegen die Umbewertung des Sinnlichen. Es setzte seine eigentümlichen Gestaltungsweisen ein, seine umfassende Sinnlichkeit und Körperbezogenheit und das darauf bezogene Verhältnis von Geist und Bauch, seine charakteristische Einheit von Natürlichem und Phantastisch-Absurdem, immer vom Boden besagter lebensspendender Lachkultur aus, selbst dort, wo es »ernsthaft« oder auch »melancholisch« wurde.

Das, meine ich, ist eine sehr akute Angelegenheit, wenn das Theater wissen will, wo seine Chancen noch liegen könnten, heute.

Ich sehe Sie als Bruscon vor mir, den »Theatermacher« von Thomas Bernhard, in den Kammerspielen des Deutschen Theaters Berlin. Ein aufgeblasener Genius mit rotem Schal, mit Streitlust und dem Geltungswahn in allen Falten des weiten Mantels. Der spielt sein gigantisches Drama »Das Rad der Geschichte«, der Welt so grimmig wie selbstverliebt, so wissend wie gallig-verunsichert den Spiegel vorhaltend. Nicht die große Welt schaut diesem Bruscon zu – nein, die Aufführung findet im erbärmlichen Dörflein Utzbach statt: zweihundertachtzig Einwohner, draußen vorm Wirtshaus grunzen die Schweine; es ist Blutwursttag.

Wahn und Wurschtigkeit eines Komödiantenlebens: Du träumst vom Olymp, aber rundum ist Utzbach. Auf der Bühne Faust, hinterm Vorhang Fusel. Du spielst den Leuten was vor – um zu verbergen, daß du dir selber was vormachst. Aber so ist das Leben, zu gewissen Teilen, und nicht mal unmaßgeblich: lauter kleine Reisen in die Hölle. Und jeden Tag ist Blutwursttag.

Kurt Böwe als »Theatermacher« Bruscon, Inszenierung: Peter Schroth/Peter Kleinert, Kammerspiele Deutsches Theater (1989)

Was Sie spielen, leidend und tyrannisch, großartig und bösartig, ist eine der wunderbarsten und schonungslosesten Charakterisierungen des Schauspielerberufs. Diese Sehnsucht nach Bühne! Aber wehe, sagt Kurt Böwe, wehe, wenn du hinaufgelangst.

Vom Leuchten deines Namens, das sei verbürgt, fällt zunächst kein Strahl in deine arme Seele. Wohin du kommst, die Eintrittspreise sind erhöht, das Haus ist ausverkauft, die Erwartung ganz hoch gespannt, du aber mußt nun hinaus und die Höchstpreise rechtfertigen. Du mußt, Abend für Abend, Josef Kainz sein, den äußersten Erwartungen einer argwöhnischen Menge Widerpart bieten, als armer, ängstlicher, unsicherer Einzelner über alle triumphieren, ungeachtet deiner besonderen Gestimmtheit an diesem Abend, mit nichts als deinem kleinen Ich und dem Text eines Autors gewappnet, und wenn vielleicht wider Erwarten gestern alles großartig gegangen ist, so hilft dir dieses Bewußtsein überhaupt nicht, eher ängstigt es dich und steigert die Furcht, daß es heute auf gar keinen Fall wieder so gut werden kann.

Albert Bassermann deutete bei Proben, wenn es um große Schmerzensausbrüche ging, immer nur an; er verwies auf die Abendvorstellung und sagte: »Da mache ich drei Dinger – und weiter geht es.« Wenn man ihn sah, so Zeitzeugen, machte er seine »drei Dinger«, und alle waren erschüttert. Nie hat jemand herausbekommen, was sie waren, diese »drei Dinger«.

Ja, aber wenn man Größe und Geheimnis der Schauspielerei durch ein einziges Beispiel darzustellen hätte, wäre es wohl die Geschichte dieser geheimnsivoll bleibenden »drei Dinger«. Einmal muß man es gehabt, es echt empfunden, es innerlich erlebt haben – dann kann man auf der Bühne denken, woran man will, und die Leute werden glauben, glauben, glauben. Da kann ich in der größten Liebesszene auch an einen Goulasch denken. Wenn ich den gern essen tät.

Auch das Theater insgesamt ist etwas, das nur drei Dinge braucht: Einen Künstler, eine Geschichte und einen Zuschauer. Wenn sich dieses magische Dreieck schließt, dann hast du Theater. Du brauchst zunächst keinen Pförtner und keinen Intendanten. Das benötigst du erst, wenn du dieses Zentrum vergrößern willst. Aber verlier nie diese drei Wesentlichkeiten aus dem Blick. Das ist wesentlicher als die Wahrheit.

Wahrheit ... Diese Leute vom Theater, wollen die auch nur ein einziges Quentchen Wahrheit hervorbringen, müssen sie sich der Lüge verschreiben, auf immerdar. Künstlerische Wahrheit besteht überhaupt nur aus unsterblichen Lügen. Es ist manchmal sehr glückhaft, wenn die Leute dir das glauben, was du da oben auf der Bühne herumlügst. Das Spiel sollte immer einen Anflug von Zutrauen in die Phantasie der Zuschauer haben, in ihre Fähigkeit, sich selber einen Reim drauf zu machen. Man darf nicht verkennen, daß es viele Leute im Zuschauerraum gibt, die Phantasie haben. Hier im Norden weniger. Aber schauen Sie mal nach Süden, wo der Katholizismus herrscht. Der ist ja eine große imposante Lügenindustrie. Deshalb heißt es barock; weil vor Windungen aus lauter Lügen keiner mehr durchkommt. Ab und zu wird gebeichtet – und dann munter weitergelogen. Nicht so diese evangelische Grausamkeit, daß Worte und Taten eins sein müssen.

Dazu fällt mir die Geschichte von dem Pfarrer in der Mark Brandenburg ein – ich hörte sie von Pfarrer Lydike aus Altglienicke, der im übrigen meint, fromm sei nicht dußlig. Das erinnert an Faust: »Ich hab es öfter rühmen hören,/ Ein Komödiant könnt einen Pfarrer lehren./ Ja, wenn der Pfarrer ein Komödoiant ist …« Also dieser Pfarrer wird stockbesoffen von einem Bauern aus seinem Ort in der Karre nach Hause gebracht. Am nächsten Sonntag ist die Kirche natürlich proppevoll. Aber nicht, weil man Gottes Wort hören, sondern erfahren will, wie sich der Pfarrer aus der Schlinge zieht. Und der sagt verblüffend: Also ich möchte euch doch gefälligst bitten, daß ihr euch nicht nach meinen Taten, sondern nach meinen Worten richtet.

Was ist überhaupt Lüge, was Wahrheit?

Im Leben? Zum Beispiel, ich muß wieder auf die Geschichte kommen, daß mir das Kriegsende nicht sehr lange Zusammenbruch, sondern sehr schnell Befreiung bedeutete. Kurt, der Junge aus der platten Prignitz, läuft in Hoffnung, gemeinsam mit dem »Russenknecht« Viktor, der auf unserem Hof arbeiten mußte, sowjetischen Panzern entgegen. Dennoch: Die Sterne stehen kaum gut damals.

Das Asthma. Der kurze Atem.

Ja. Wenn so einer wie ich fürderhin von Reichtum und Glück sprach, konnte wirklich schon die Luft zum Atmen gemeint sein. Nur was man mit dem Atem weiß, weiß man wirklich. Der Atem ist der größte Lehrmeister.

Studieren wird der mickrige Mecklenburger. Ein Dörfler als Germanist und Theaterwissenschaftler?

Auch solcherlei erfand der neue ostdeutsche Staat, und ich

gehöre wohl lebenslang zu denen, die sich weigern werden, das im nachhinein klein- oder gar wegzudenken.

Vom Lehrpult auf die Bühne, vom Maxim Gorki Theater nach Halle. Fast aus dem Nichts zum sogenannten Zeitgenossen-Theater Gerhard Wolframs und Horst Schönemanns. Sie spielten Schillers Spiegelberg, Kants Trullesand in der »Aula«, Stolpers Gubanow in »Zeitgenossen«, Goethes Faust, Gorkis Luka. Ist überaus erfolgreich, der »Genosse Schauspieler«. Und dann endlich ans Deutsche Theater Berlin. Der Himmel.

Die Hölle. Tyrannei der Großen, die nicht gerade auf einen Bauernjungen warteten. Ein Fest der Schauspieler, gegen mich zunächst ein Tribunal. Sicherlich, ich spielte, aber der Applaus meinte immer die anderen. Der doch alles packen wollte, packte im Geiste schon wieder die Koffer. Am Ende wieder eine Erfahrung: Damit Sensibilität siegen kann, muß erstmal Sturheit siegen.

Ein Kollege hatte vor Jahren zu Ihnen gesagt: Wenn du ans Deutsche Theater gehst, fällst du auf die Fresse.

Ich habe geantwortet: Hoffentlich.

Das glaubt doch kein Mensch. Koketterie, Böwe.

Dieser Kollege ist seit hundert Jahren in ewiglich gleicher Lage am ewiglich gleichen Stadttheater in Leipzig. Mein Fall ist diese Aufenthaltsweise nicht. Es gibt so lapidare Lebensregeln, die stimmen auf dem Dorf, die stimmen in der Stadt. Eine heißt: Wenn man in Vergleich kommen will, muß man sich dem Vergleich stellen. Wer nicht damit rechnet, daß er dabei stranden kann, muß den Beruf aufgeben. Nichts ist doch wesentlicher, als das Risiko auf sich zu nehmen, auch mal etwas zu vergeigen.

Du mußt dich in Gefahr begeben, du mußt. Ins Geröll, sagen die Bergsteiger, tritt man auch nicht zaghaft – spring ins Geröll oder meide es! Man soll Mut zu sich selbst haben, aber sich niemals sicher sein. Nichts läuft schön und gut ab, schon gar nicht, wenn man drauf baut.

Im Jahre 1975 kommt die Erlösung. Sie spielen in Ibsens »Volksfeind« den Stockmann, nicht ohne mißtrauisch von einigen Protagonisten des Hauses beäugt und vorher beträchtlich nervös gemacht zu werden. Es wird der intrigenreiche Versuch gestartet, den »Spitzel von Wolfram und Schönemann« (Intendant und Chefregisseur, aus Halle kommend) zu überzeugen, dies sei keine Rolle für ihn. Sie bleiben stark und trotzig. Es wird ein grandioser Erfolg.

Bei der Presse! Nicht beim Publikum. Die Leute vermuteten ein blödes DDR-Gegenwartsspiel: Der Volksfeind. Und Kurti Böwe wäre der Volksfeind? Unmöglich, der ist doch als Volksfreund bekannt.

Stockmann, Jegor Bulytschow, Kohlhaas, im Film Wanzka und Jadup – Böwe wird langsam groß, breit, mächtig. Nicht mehr zu umgehen, künstlerisch.

Naja, viel Text, aber wenig Luft. Deshalb hoffte ich beizeiten, viel aus irgendeiner inneren Bewegung zu holen und auf der Bühne zu einer sehr sparsamen Aktionsform zu finden – die sich durch geringe Zeichen Gestalt gibt.

Sind Schauspieler Moralisten?

Das kann zufällig passieren. Aber vor allem sind Schauspieler bestechlich und labil. Mit diesen Jungs und Mädels würde ich nie eine Revolution machen. So was ist auch noch nie gelungen, soviel ich weiß. Theater ist aus dem Leben herausgehoben. Abends ist es nur künstlich beleuchtet. Noch einmal: Es hat keine Fenster zur Straße. Damit ist alles gesagt. Nein, was sich da drinnen abspielt, das ist kein Beruf für starke Charaktere, es ist einer für schwankende Gestalten, für Leute, die man auf eine erhellte Bühne stellt, damit sie, im Lichte, unter Kontrolle bleiben. Für diese Kontrolle sorgt ein sogenannter Regisseur, der selbst lieber unten im Parkett bleibt, also im Dunkeln. Das macht den Regisseur noch gefährlicher, unangreifbarer, und es verstärkt, ein wenig jedenfalls, den Respekt derer, die da oben auf der Bühne stehen.

Schauspielers Domäne ist die Zeitweiligkeit. Er ist so sehr von der Öffentlichkeit, ihrer Meinung und ihrem Wahr- und Erinnerungsvermögen abhängig, daß seine Geschicke meist auch von deren zeitweiliger Laune bestimmt werden. Der Schauspieler ist Herr der Öffentlichkeit, solange diese eine gute Laune hat; aber er ist auch Sklave. Weil sich die öffentliche Meinung ständig ändert und es nichts Unbeständigeres gibt als sie, sinkt oder steigt die Bedeutung und die Popularität des Schauspielers je nach dem Wandel der öffentlichen Stimmungslage. Das Publikum ruft ein Hoch aus, um unmittelbar darauf Buh zu brüllen. Das so wunderbare wie wunderliche Gewerbe des Schauspielers bekommt seine Berechtigung durch die Zeit, in der es ausgeübt wird. Aus dem hohen Ton, den das Publikum heute bejubelt, wird morgen abend schon der hohle Ton, die Lüge verlorener Idealität. Moralist? Klingt wie Held. War ich nie. Mein Asthma hat mich immer schwach gehalten, das ist furchtbar. Ich bin nicht stark genug, um Zyniker zu sein, das wiederum ist die Gnade, die damit verbunden scheint. Ich glaube, selbst so ein vermeintlicher Zyniker wie der Heiner Müller war am Ende auch keiner, wie sich herausstellte. Heiner hat ein Leben lang Sehnsucht gehabt nach dem angstfreien Raum. Deshalb hat er das Berliner Ensemble übernommen; das war, schreibt Stephan Suschke, der Zinksarg um seine Biographie. Der Schutzraum. Aber man lese seine späten Gedichte über den spürbaren Tod. Erschütternder als in diesen knappen Versen war er nie. Wenn du eines Tages flachliegst, hört irgendwo auch der vielgepriesene Mumpitz auf.

Studierter Theaterwissenschaftler sind Sie. Der Dichter Thomas Bernhard mutmaßt, so was wird jemand nicht aus Liebe zur Kunst, sondern weil einem andere Möglichkeiten – als Chauffeur, Schlosser oder Bäcker – völlig verwehrt sind.

Der Mann sagt auch in diesem Falle die Wahrheit. Wäre ich nicht asthmatisch gewesen als Kind, wäre ich Bauer geworden. Aber wenn ich als Kind Brot holen mußte beim Bäcker, standen die Großmütter in ihren Vorgärten, lehnten sich über den Zaun, sahen und hörten mich da den Weg entlangkeuchen, schüttelten mitleidig die Köpfe und sagten: Ach, Kurt, lang wird das mit dir auch nicht mehr dauern.

Waren Sie in gewisser Weise auch als Assistent der Theaterwissenschaft schon Schauspieler, etwa dann, wenn Sie Vorlesungen gehalten haben?

Immer. Wenn ich die Frau Velten zu Grabe getragen habe hinter dem Katheder, und vor mir saßen 150 Zuschauer – mindestens 50 haben geschluchzt. Die müssen ja nicht alles verstehen, dachte ich mir, aber sie müssen beeindruckt werden. Von der Geschichte muß man sich beeindrucken lassen. Nachlesen kannst du später, ob einer lügt oder nicht. Das wirst du sowieso erfahren, denn alle Historiker lügen. Deshalb gefällt mir Gordon Craig, der US-Amerikaner, der ein Buch über Fontane schrieb. Der hat seinen Studenten in San Francisco immer gesagt, wenn es um den Lehrstoff Berlin ging, ich gehe jetzt in die Kantine und Sie lesen derweil die Romane von Theodor Fontane. Da steht alles über Berlin drin. Das andere lesen Sie bei den preußischen Ideologen – und vergessen Sie es am besten gleich wieder.

Was meinen Sie, Böwe, worin besteht Ihr Talent?

Darüber denke ich noch immer ergebnislos nach. Ich weiß es nicht. Da gehe ich manchmal in Reetz um die Kirche herum, latsche durch diese flache Landschaft, komme an den Misthaufen der Kindheit vorbei und frage mich: Warum gerade ich? Viel Glück war dabei, ein bißchen Fügung. Ich glaube, so muß dieser Beruf gehen: Man muß sich plötzlich darin entdecken. Ich kam, ich sah, ich siegte – das interessiert mich nicht. Mich interessiert das Fragmentarische, das irgendwo auch noch Hilflose, das irgendwo nicht ganz Gekonnte. Diese Perfektionisten sind mir ganz und gar widerlich. Nicht nur, weil ich das selber nicht kann, sondern weil ich auch so ein Theater unnaiv finde. Und Naivität ist eine der größten, schönsten Unkulturen, mit denen der Schauspieler huren geht.

Boll bleibt Boll, heißt es in Barlachs Stück »Der blaue Boll«, auch ein Erfolgsstück für Kurt Böwe am Deutschen Theater – sieh diese verwischte Perspektive, schreibt Barlach, sagt Boll, es kann mehr dahinterstecken, als man denkt; es kann anders kommen als ausgemacht.

Ja, es kann wirklich anders kommen als ausgemacht. Mein Talent, von dem ich nicht weiß, worin es besteht, liegt auf jeden Fall nicht in irgendeiner Maskerade. Für mich kann ich doch höchstens in Anspruch nehmen: Mich gab's noch nicht. Man kann mir übrigens diesen Beruf des Schauspielers nicht nachweisen, da ich ihn nie gelernt habe. Aber wie sagte der Feuilletonist Egon Friedell? Im Dilettanten sind Mensch und Beruf eine Einheit. Du weißt anfangs nichts von der Wesenheit deines Talents. Es prägt sich aus, und meistens merkt man's selber nicht. Gut, man kann Bücher lesen oder so tun, als würde man welche lesen. Ich habe an mir gesehen, daß sehr, sehr langsam das Gesicht ein Gesicht wird und daß ein Gedanke eines Tages etwas ist, das wirklich aus dir selber kommt und nicht nur aus den fremden Texten fremder Dramatiker. Das geht ganz leise und ganz langsam. Das kann man nicht forcieren. Man kann nur Chancen wittern und sie für sich durchforschen.

Wenn wir nicht von uns selbst traktiert werden, erreichen wir nichts, sagt – wieder – Thomas Bernhard.

Ich bin kein Besserwisser, ohne etwa nicht zu wissen, was ich tue. Wenn ich anwesend sein will, das heißt, wenn ich mich auf dieses teuflische Spiel Theater einlasse, dann ist meine Irrtümlichkeit vielleicht mein größtes Kapital. Ich rumpele mich so durch: Mir ist Gottseidank nicht gegeben, mit einem Gestus auf die Bühne zu kommen, der vorn und hinten stimmt. Die Umstülpung des Ichs in die Öffentlichkeit ist ein martialischer Vorgang. Bei diesem Vorgang bin ich von Grund auf gefährlich ungenau. Irgendein Furor ist in dir;

aber keiner, glaub mir, weiß Genaueres. Du kommst aus deinem eigenen Kreis nicht heraus, und es möge, bitteschön, ein Teufelskreis sein, in dem du dich bewegst. Und du magst dir einen Hut aufsetzen und die Augen anders flackern lassen. Alles ganz lustig, aber Sie waren es doch wohl persönlich, Herr Böwe, den wir eben sahen? Sie waren's, kein anderer. Es gibt einen wunderbaren Brief des Schauspielers Sepp Bierbichler an den Journalisten Andres Müry, veröffentlicht in der »Zeit«, den les ich jetzt mal vor: »Am Bauerntheater hab ich den Spieltrieb abreagiert, den ich bei vielen Kollegen nicht mag, wenn sie ihn so erbarmungswert offen herzeigen und glauben, es sei die Begabung. Als ich nach Jahren merkte, daß ich mich diesbezüglich in den Griff gekriegt hatte, hatte das Bauerntheater seine Aufgabe erfüllt. Über den Spieltrieb muß man sich entdecken, danach sollte er zurückgedrängt werden, als geheimer Kraftspender, von dem man nur selbst weiß. Ich glaube nämlich, daß man den Spieltrieb noch mal braucht, um das Sterben mit ein bißchen Würde hinzukriegen. Viel zu viele spielen so, als ginge es um ihr Leben, also um Bauerntheater. Volksschauspieler zu werden hatte ich niemals im Sinn, schon um diesen gräßlichen Begriff nicht auch noch zu Bedeutung zu verhelfen. Wir waren sogenannte Laienspieler, und aus reinen Minderwertigkeitskomplexen bin ich Profi geworden – weil da mehr Öffentlichkeit zu haben ist. Meine Komplexe lade ich seither ausnahmslos dem Publikum auf, und damit habe ich Erfolg. Wer anders Theater spielt, kann virtuos sein, aber niemals gut. Ich kann mir doch nicht anmaßen, von irgend jemand zu erzählen, statt von mir. Aber viele tun so, als ob das ginge. Das ist deren Dilemma und das ihrer Zuschauer, die glauben, das wär was.«

Luc Bondy spricht vom »legasthenischen Schauspieler«. Schauspieler, die eine hohe Kunst haben, aber eben wirklich letzten Endes Dilettanten sind. Die als Person geprägt sind, selber noch eine Realität haben. Keine medialen Schauspieler, die selber nichts sind und sich plötzlich in etwas verwandeln. »Meine Schauspieler«, sagt er, »sind selber schon krumm, schräg, buckelig, schwarz, dunkel, mit verstellter

Stimme.« Wenn sie spielen, versuchen sie, ihre seltsam verbogene Persönlichkeit geradezustellen. Dadurch entsteht eine Poesie, etwas Lebendiges. Sie sind nicht geschickt, sie sprechen nicht schön, sie sind schief. »Sie sind wie eine Postkarte, die mit lauter Fehlern geschrieben ist. Ein Kind schreibt mit lauter Fehlern. Ich lese Postkarten, auf denen Fehler sind, aufmerksamer als schöngeschriebene Postkarten.«

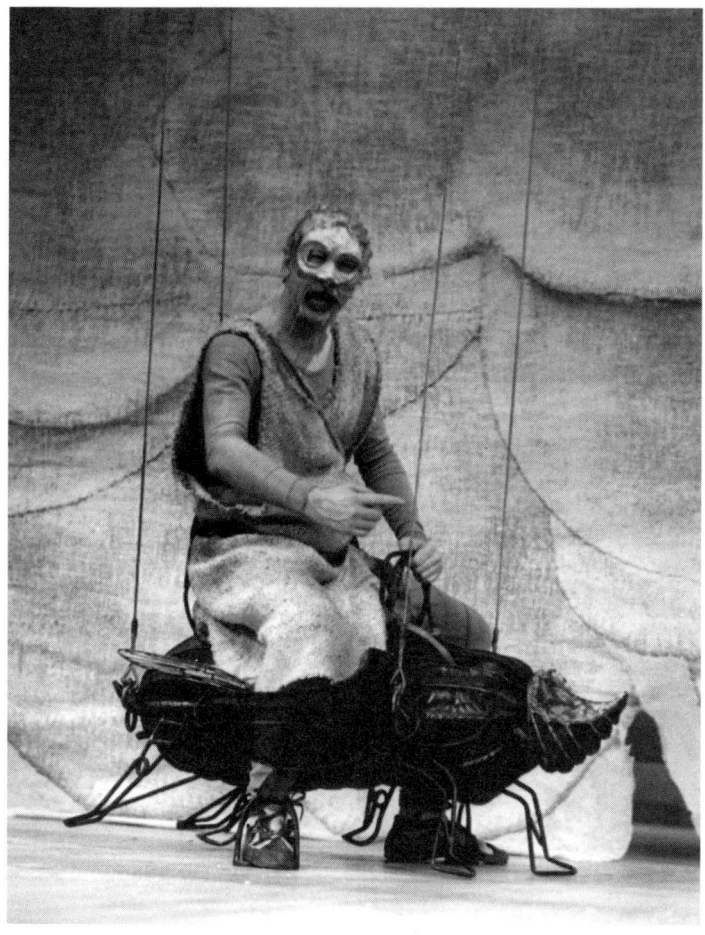

Fred Düren als Trygaios in »Der Frieden« von Aristophanes/Hacks, Regie: Benno Besson, Deutsches Theater (1964)

Max Reinhardt: »Vor allem aber tut Persönlichkeit not. Die kann man freilich niemandem beibringen, der sie nicht hat. Man kann sie auch nicht vortäuschen, am wenigsten durch genialische Allüren ersetzen. Raunzen Sie nicht über den Drill in der Kunst, über die Einschränkung der Genialität. Der wirklichen Natur kann nichts geschehen. Sie ist immer bereit und erschlossen, sie nimmt alles auf, was in ihr wachsen kann. Wer für seine Natur zittert, hat keine. Wir sind alle leidenschaftliche Naturliebhaber, Menschenfresser, Feueranbeter. Seien Sie wahr! Wenn Sie gute Komödianten werden wollen, dürfen Sie weder auf der Bühne noch im Leben Komödie spielen. Werden Sie wesentlich!« – Also: Ich bin kein Verwandler. Fred Düren, den ich immer für den Superverwandler hielt, sagte mir in einer stillen Stunde, Kurt, wenn du recht beobachtet hast, war auch ich es immer selbst, der da oben stand – ich hatte nur manchmal eine andere Mütze auf. Das heißt, die wirkliche Verwandlung ist eine andere. Die hat etwas mit dem Inneren zu tun und weniger mit dem Äußeren. Wenn es zusammenkommt, ist es gut. Aber auch Düren hatte da so seine Schwierigkeiten. Er war einer der genialsten Schauspieler des Deutschen Theaters. Er war die Inkarnation des Schattenspielers, des Irrlichts, das hin- und herhuschte zwischen den möglichen Festpunkten einer Figur. Skurril, mit der Fähigkeit des Chamäleons. Dessen Gabe besteht ja nicht schlechthin darin, die Farben zu wechseln, sondern just mit diesem auffälligen Wechsel zugleich wieder geschmeidig hineinzugleiten in die große Ordnung der Dinge. Sichtbar unsichtbar, unsichtbar sichtbar – das war Fred Düren. Er war eine Ausgeburt des Mimetischen. Nicht von dieser Welt. Lebensart als Spielart, ja nicht herausbekommen zu lassen, wer man ist. Düren war ein seltsames Phänomen der Selbstverleugnung. Aber es ging halt nicht. Er blieb doch der Fred.

Vergänglichkeit und Vergeßlichkeit – das macht die Tragik des Lebens aus. Gerade, wenn man an Fred Düren denkt, der heute in Israel lebt, muß man sagen: Theater steht unter demselben Gesetz.

Na und? Alles hat seine Zeit. Fed Düren war einer der großen Komödianten des Jahrhunderts. Gemessen an den Popularitätskriterien des heutigen Entertainments ist er inzwischen ein unbekannter Mann. Na und? Wir, die mit ihm gelebt und ihn erlebt haben, leben auch jetzt mit ihm. Die anderen haben ein Manko, werden aber auf ihre Weise glücklich. Konzentrieren wir uns immer auf das Jetzt, lassen wir das Vergangene. Ich glaube, das ist auch so etwas, was man von Schauspielern lernen kann: Man ist glücklich am Abend einer Vorstellung oder unglücklich. Der nächste Abend wird ein anderer sein. Auf der Bühne, im Publikum. Es hängt von einem selber ab, ob ein Abend glücklich wird. Es hängt zwar nicht allein von einem ab, wie die Bedingungen des Abends sind – aber es hängt von einem selbst ab, wie man diese Bedingungen lebt. Das betrifft übrigens nicht nur den Abend, das betrifft auch den Morgen. Ja, so ist es auch im Alltag: Man kann ihn mit dem eigenen Willen ziemlich beeinflussen. Entweder man gibt sich Mühe, daß ein Tag nicht unglücklich vergeht, oder man gibt sich keine Mühe, läßt sich überwältigen von den Störfaktoren. Ich glaube fest daran, daß Glück oder Unglück eines einzelnen Tages viel von der inneren Einstellung abhängen, mit der wir morgens in die Welt hinausgehen.

Wir haben über Talent gesprochen, über die Unwägbarkeit, die Unmöglichkeit, es zu benennen. Aber können Sie sich an den Punkt erinnern, an dem gewissermaßen klar wurde: Jetzt bin ich durch!

Das war in Halle, wo ich als erstes, notwendig geworden durch eine Übernahme, den Kirchensänger Teterew spielte, in Gorkis »Kleinbürgern«. Das war eine Mustervorstellung für den Verband der Theaterschaffenden, und da wurde ich wirklich umjubelt. Da schmiß ich mich hin auf die Bühne, nach dem Jubel meines Abgangs, und riß mir die Weste auf. Ich hatte das Gefühl, nun, Kurti, bist du da. Diesen Punkt habe ich sehr wohl begriffen. Als ich dann später auftrat, um mich sozusagen selber auf das Theater zu bringen, in der Figur des mir so seelenverwandten Trullesand in Kants »Aula«, da wurde gleichsam mein unverstelltes Ich zum Ereignis. Das nahmen die Zuschauer so hin, und nur so wollten sie mich. Ich stand da oben mit Namen und Adresse. Ich hatte das Gefühl, die Leute gucken durch alle Masken und sagen, wir wissen, Kurti, das bist du und kein anderer. Also bleib es gefälligst auch! Versuch nicht, uns zu veralbern – so viel kannst du nämlich auch wieder nicht.

Da sind wir wieder bei dieser ganz anderen Art von Volksschauspieler – der einfach da ist und am besten gar nicht spielen sollte.

Es gibt eine schöne Geschichte von Jack Lemmon. Seine erste Rolle in Hollywood bei Regisseur George Cukor. Lemmon legt los, strengt sich gewaltig an, Cukor bedankt sich und sagt: Sie sind neu im Geschäft, nicht wahr? Lemmon nickt, darauf Cukor: Sie werden ein großer Star werden, zweifellos – aber wir drehen die Szene noch einmal, und bitte machen Sie ein bißchen weniger. Die Szene wird wiederholt. Cukor bedankt sich erneut und sagt: Toll! Aber versuchen Sie ruhig, noch weniger zu machen. Das wiederholt sich noch fünfmal, bis Lemmon schließlich sauer wird: Mr. Cukor, wenn das so weitergeht, etwas weniger, etwas weniger, wird bald der Punkt kommen, daß ich überhaupt nichts mehr spiele. Darauf Cukor: Jetzt haben Sie endlich begriffen, worauf ich aus bin.

Die Idealvorstellung vom Hochpreis-Schauspieler: Er benimmt sich wie ein Niedrigpreis-Schauspieler – er macht gar nichts mehr. Fast wie der »Herr Paul« von Tankred Dorst in den Kammerspielen des Deutschen Theaters. Böwe als alter Mann im Seitenflügel eines alten Fabrikgebäudes, den ein Immobilien-Yuppie nicht aus dem Haus kriegt. Bleierner Trotz als letzte große menschliche Regung.

Ja, eine schöne Idee: sich behaupten, und zwar auf der Stelle. Ob man nun Datschenbesitzer im Osten ist oder sonstwas. Dorst hat ja bei den Brüdern Grimm so eine kurze Sache über ein schweres Kind gefunden, wo zwei Reiter an einem Feld vorbeikommen; sie sehen ein kleines Kind auf dem Acker sitzen, wollen es mitnehmen, aber auch beide Diener zusammen kriegen dieses kleine Kind nicht weg. Es ist zu schwer. In diesem Kind ist das Gewicht der Welt.

Wie stellen Sie sich das Ende vor? Das Ende des Lebens.

1949 machte ich mein Abitur, in Kyritz an der Knatter, wie man so trefflich sagt, und da gab es einen weißhaarigen, recht

Kurt Böwe in »Dantons Tod« von Georg Büchner, Regie: Alexander Lang, Deutsches Theater (1981)

Kurt Böwe mit Dietrich Körner in »Dantons Tod«

zartbesaiteten Mann, der war Angestellter in der Kreisspar-
kasse und auch sonst ziemlich kunstsinnig. Er liebte das Theater, schrieb Gedichte, und als ich mein Abitur machte,
schenkte er mir so ein Gedicht aus eigener Feder, wie er
immer gern betonte, und dieser kleine weiße Mann, Rudolf
Hartmann, prophezeite mir den Weg auf die Bühne, und er
sagte, jedem, der das Theater liebe, solle ich sein Gedicht zeigen. Und in diesem Gedicht steht die Antwort auf Ihre Frage:
»Letzter Akt! Die letzte Szene!/Abgeblendet! Sterbeszene!/
Und erlöst von allem Harme/nimmt der Tod uns in die
Arme./Gongschlag! Ende!/Vorhang fällt!/Das war unsre
Welt.«

Schön.

Nicht wahr? Gongschlag, Ende. Vorhang fällt.

Haben Sie Angst davor, daß Wünsche unerfüllt bleiben, weil
der Tod Ihnen möglicherweise zuvorkommt?

Ja. Trotzdem wär dies wohl das geringere Übel. Trauriger ist
es, wenn der Tod nicht kommt, aber alle Wünsche schon
erfüllt sind.

Kurt Böwe, Sie mögen es, im aufgeladenen Plauderton Enor-
mitäten auszusprechen.

Wir haben über den »Theatermacher« gesprochen, und es
bleibt dabei: Immer ist Utzbach, und immer, wenn die Kunst
besonders groß sein will, ist gerade Blutwursttag im Dorf.
Daran kann man verzweifeln, daran muß man geradezu verzweifeln. Aber erstmal wollen wir auf die Bühne gehen und
spielen und danach unser frisches, kühles Bier trinken.

Was hätte ein Gespräch mit Ihnen für einen schäbigen Sinn,
wäre es ein Gespräch ohne Dieter Franke.

Ich glaube, es gibt wenige Menschen, die so uneingeschränkt
Licht und Luft und Lust verbreiten, die geliebt werden – und

Figurinen Ernst Kahler und Dieter FRanke (rechts) zu »Das Testament des Hundes« von Ariano Sussuna, Regie: Friedo Solter, Kammerspiele Deutsches Theater (1968)

deren eigenes Glücksempfinden doch nie jenes Maß erreicht, das sie selbst in die Welt setzen.

Der Schauspieler Dieter Franke kam über die Stationen Karl-Marx-Stadt und die Volksbühne 1964 ans Deutsche Theater. Zunächst spielte er kleine und mittlere Rollen; Adolf Dresen war es, der ihn in drei Einaktern von O'Casey besetzte – dies wurde der Durchbruch, zu Mephisto, Käpt'n Boyle, zum Kurfürsten, zum Dorfrichter Adam.

Franke war ein keuscher Mensch, der mit seinen Gefühlen haushielt. Meinem Temperament stand er wohl am nächsten, aber am Deutschen Theater hatte er auch meinen Hallenser Trullesand aus der »Aula« nachspielen müssen, und er spürte wahrscheinlich, daß dies, im Vergleich zu mir, seine Rolle nicht werden würde. Am Tag der Premiere hat er sich betrunken. Für mich bedeutete er das Urbild eines Vollblutschauspielers, der in jeder Rolle, der noch so ernsten, allen nur vermutbaren Witz suchte, der ja in jeder Situation steckt, in jedem Gesicht, in jedem Leben. Das unterscheidet den echten Schauspieler vom Spaßmacher: Er weiß, daß nichts so komisch ist wie das Unglück. Franke war ein Mensch, den die Zwänge des Lebens plagten, der aber dennoch das Dasein genoß, und sei es in vollen Zügen. Benno Besson gab ihm den Charlesmagne in Jewgeni Schwarz' »Drache«, das war eine Fessel gegen seine sprudelnde Kraft; das Alter als ein Zwang, Jugendlichkeit in andere Gleise zu lenken als nur hin zur Impulsivität. Besson habe ihm eine Bremse ins Herz gesetzt, sagte Franke später.

Leider sind wir beide nie in einem Ring aufeinandergetroffen, es wäre, nehme ich einmal an, ein trefflicher Fight geworden, zum Spaß hoffentlich des Publikums. Daß daraus nichts wurde, lag sicher daran, daß wir annähernd gleiche Typen waren, Franke freilich weicher, geschmeidiger, vielleicht sogar komödiantischer. Wenn wir miteinander sprachen oder stritten, war da immer Ernst und Spaß in einem. Was es war, stellte sich oft erst später heraus, weil zunächst keiner zugab, wo die Nadel gestochen hatte. Es ist, glaube ich, das Wesentliche einer Beziehung, daß man sich stets in berechenbarer Weise begegnen kann. Vielleicht beginnt da schon Freundschaft. Dieter Franke war mein Freund.

Ich weiß nicht, wer ihm das eingegeben hatte, aber er wollte in Ibsens »Volksfeind« unbedingt den Dr. Stockmann spielen, und die Sehnsucht schien mit Urkraft zu wachsen, als eines Tages ausgerechnet ich diese Rolle bekam. Franke tobte, machte mich nieder. Fast verprügelte er mich eines Nachts nach einem heftigen Trunke, auf den Schienen der Berliner Straßenbahn an der Mollstraße. In den Gaststätten gingen die Lichter aus, und er brüllte durch die Straßen:

Böwe! Du spielst den Stockmann, meine Wunschrolle von diesem Ibsen! Ich erschlage dich! Fast hätten wir uns entzweit. In der Premiere später sitzt er, applaudiert und ruft über alle verträgliche Maßen »Bravo« – mein Kollege Franke, dieser großherzige Mensch.

Eberhard Esche schrieb vor Jahren einen wunderklugen Brief an Dieter Franke, den er dann auch in seiner Gedenkrede für Franke zitierte, und der auch in der Akademiezeitschrift »Sinn und Form« veröffentlicht wurde. In diesem Brief, den Franke, soviel ich weiß, nie erhielt, heißt es mahnend: »Und obwohl wir schon so runtergekommen sind, daß wir schon fragen, wenn wir den Theaterkeller betreten und es heißt, Du kämst heute nicht, wo Du denn dann seist, will doch in uns, Deinen Hörigen, nicht die Angst verstummen, welchen Preis Du bezahlst. Oder opferst Du Dich für uns? Das glaube ich nicht. Auch Deine Kultstätte ist das Geviert zwischen den Kulissen, mit dem kleinen Kästchen davor! Ja, ich weiß, ich brauche sie öfter als Du, die Souffleuse; das liegt eben daran, daß ich mir beim Spielen immer mal was denke, und Du spielst ›bloß‹, Du meinst, Denken stört, na gut, dann erinnere ich an Deinen Traum: Du standest nach dem Ende der Vorstellung auf der Inspizienten-Seite des Deutschen Theaters, und das Publikum stand auf der fahrenden Drehscheibe, und Du mußtest jedem einzelnen der Zuschauer zur Verabschiedung die Hand schütteln. Kompliment, Euer Ehren träumen gut. Doch hier packe ich Sie, stolzer Besitzer von soviel Reichtum: Verwalte ihn besser. Tue es für das Publikum, für das Du lebst und das Dich über alle Maßen liebt ...«

Dieter Franke starb am 23. Oktober 1982 abends 19 Uhr.

Zur Beerdigung trug ich übrigens einen schwarzen Anzug, zu dessen Kauf mich Franke eines Tages geradezu genötigt hatte – nach fortwährender Einflüsterung, ich solle mich endlich etwas gesellschaftsfähiger ausstatten. In der Baracke, einem unserer Spielorte, ließ er mich denn auf einen Stuhl steigen, auf daß ich allen das gute Stück, für 500 Mark erstanden, ausladend präsentiere. Mit Weste! Zur Beerdigung Dieter Frankes erlebte der Anzug also seine traurige Erstaufführung. Mit schrecklichen Ängsten war dieser Friedhofsauftritt im mir fremden Gewande verbunden. Eberhard Esche, Klaus Piontek, Rolf Ludwig und ich trugen den Sarg. Nicht genug damit, daß mir Rolli, vom Trunke ein wenig im Gleichgewicht gestört, auf die Hacken trat, so daß ich mit dem rechten Schuh bedenklich schlappte – nein, ich merkte zudem, daß mein Anzug, seit langem nicht gebraucht, von Motten zerfressen war. Jeden Moment rechnete ich damit, daß sich die Hosenbeine lösen könnten ...

Franke war ein wunderbar irdisch veranlagter Poet des Spiels, der den Zauber der Profession mit dem Wissen um nüchterne Technik augenzwinkernd zu verbinden wußte: »Mag sein«, sagte er, als er den Mephisto spielte, »daß die Idee das Wichtigste am Theater ist. Aber wichtiger ist, daß der Garderobier vor der Walpurgisnacht dem Mephisto im Halbdunkel den Hut an der richtigen Stelle in die Hand drückt. Mephisto hat nämlich keine Zeit, erst zu suchen, denn vor ihm verschwindet gerade Faust auf der drehenden Bühnenscheibe in Richtung Bocksberg. Dazu flammt ein rotes Licht auf der Hinterbühne auf: Auf die drehende Scheibe aufzuspringen ist untersagt! Noch Fragen zum Theater, meine Damen und Herren?«

Als ich ihn einmal fragte, ob er glücklich sei, setzte Franke sein breites Lächeln auf und sagte: »Glücklich? Heute nicht. Höchstens manchmal gestern.«

Dieter Franke, Fred Düren, Rolf Ludwig – drei große Namen. Komödianten. Unerwachsene Menschen. Immer im Dienst am Kunden. Losgelassen von der Kette der Vernünftigkeit. Auf sie trifft zu, was Alfred Polgar über Curt Bois schrieb: Unter einem dauernd blitzblauen Himmel der Begabung führe er dahin und erreiche »das glückhafte Ziel der Fahrt durch eine Folge von Entgleisungen ...«

Rolf Ludwig! In Thomas Langhoffs äußerst erfolgreicher Inszenierung »Der Biberpelz« spielt er den Gerichtsdiener Mitteldorf, und immer, wenn Rolli die Bühne betritt: tosender Beifall. Das wärmt mir das Herz. Das ist Liebe, die aus dem Zuschauerraum kommt, die verlängert Leben! Ja, Rolf Lud-

Rolf Ludwig als »Drache« von Jewgeni Schwarz (Probenfoto), Regie: Benno Besson, Deutsches Theater (1965)

wig ist auch so einer, an dem kann man das festmachen: Alles Entbehrliche beiseite, dann ist Theater – die Stunde der Gaukler. Der eine kann mit den Ohren wackeln, daß das Zwerchfell bebt, der andere spricht Shakespeare, daß dir der Geist von Hamlets Vater noch im Traum erscheint. Den Gaukler, hat Kritiker Henryk Goldberg geschrieben, erkennst du an seinem gleichsam erotischen Verhältnis zur Bühne. Er genießt, was sie ihm bietet, wenn es des Genusses wert ist, und gibt sich dafür ganz und ohne Rückhalt hin. Er beglückt und weiß es, das ist sein Lohn, für den, er alles wagt. Rolf Ludwig ist ein Gaukler – und ein Komiker dazu. Aus dem großen Komiker wurde mehr und mehr ein großer Charakterschauspieler. Die enorme Spannweite dieser Entwicklung wird markiert von zwei legendären Arbeiten des DDR-Theaters, darin die Titelrolle jeweils seine war: »Der Diener zweier Herren« und »Der Drache«. Immer wird deutlich, daß der Mann so ganz und gar frei von Disziplin, wie er gern selbst behauptet, wohl doch nicht ist: Er hat die Disziplin des Gauklers. Der weiß, wann Ohrenwackeln in dem Gewerbe Kunst ist und wann Kunstgewerbe. Das Gefühl für Kunst auch läßt ihn sagen: »Ich war der schlechteste Othello, den es je auf einer deutschen Bühne gab.« Ludwig ist ein Mann, der in Rostocks Ferienwelle noch mit dem Suhler Wintersportbericht ganz gute Einschaltquoten gehabt hätte, doch kennt er seiner Komik Maß, und vielleicht ist dies das Eigentliche seines reifen Spiels. So ganz ohne alle Schelmerei ist er fast nie, und richtig ernsthaft heißt bei ihm: nur etwas komisch. Denn da ist ständig eine leise, leichte Heiterkeit, die Raum hat auch für alles Ernste dieser Welt. Wolfgang Borcherts Werk (das er sehr liebt, das kommt vom Kriege her, in den er mußte) ist eine sehr ernste Arbeit.

Böwe, als Sie den Stockmann spielten, in Ibsens »Volksfeind«, unter der Regie von Alexander Stillmark und Klaus Erforth, waren Sie genau vier Jahre am Deutschen Theater. Es war der Anlaß für eine Begegnung mit Adolf Dresen.

Die Dramaturgin Ilse Galfert gab mir bei der Generalprobe zum »Stockmann« einen Bierdeckel, darauf hingesetzt ein paar Worte: »Ich würde gern mit Ihnen arbeiten. Dresen.« Er hat von allen Regisseuren der DDR wohl die meisten Inszenierungen gemacht, die aneckten, die geändert werden mußten. Geboren in einem Dorf am Stettiner Haff, kam er eher widerwillig mit Theater in Berührung. Während der Schulzeit durfte er heim Laienspiel nur als Souffleur mitmachen. Nach dem Abitur studierte Dresen in Leipzig Germanistik, ziemlich lustlos, wie er immer sagte. Hans Mayer wurde zu jener Zeit Ordinarius, und am Philosophischen Institut lehrte Ernst Bloch. Dresen ging nach dem zweiten Studienjahr von der Universität, ließ sich in die Produktion versetzen. 1959 machte er dann doch noch bei Hans Mayer sein Germanistik-Examen. Brecht wurde für ihn zu einem Erlebnis, von dem er sagte: Es schien uns, daß Theater und Intelligenz sich doch noch vereinen lassen. Er arbeitete nach Brechts Tod am Berliner Ensemble, bei Engel und Besson, klebte aber eigentlich nur Modellbuch-Bilder. Schließlich bewarb er sich bei fast allen Theatern der DDR und kam am letztmöglichen Haus der Klasse 4 im sächsischen Crimmitschau als Inspizient unter. Als er dort ankam, las er seinen Namen auf einem Besetzungszettel: In einem Kinderstück sollte er das Untier von Samarkand spielen, konnte aber keinen Text behalten und wurde wegen Unfähigkeit rausgeschmissen. Magdeburg und Greifswald hießen die nächsten Stationen.

Die Eklats nahmen kein Ende, schließlich landete er auf einem Bohrturm, wovon fortan ein kaputter Daumen zeugte. Wolfgang Heinz holte ihn dann ans Deutsche Theater. In einem Interview angesichts der Biermann-Ausbürgerung sagte er: »Es ist verrückt: Alles, worauf die DDR angelegt und aufgebaut ist, beginnt zu bröckeln. Das marxistische Fundament gerät ins Wanken, wird nicht mehr ernstgenommen. Selbst viele Funktionäre orientieren sich nach dem Westen. Sowohl die Voraussetzungen als auch die Ergebnisse geraten in ein zynisches Zwielicht. In der Politik wird pragmatisch, was bisher dogmatisch war. Die Praxis nimmt die Theorie ins Schlepptau, wird ungreifbar und damit auch unangreifbar, das Ganze erscheint als Aufweichung, als Brei. Für einen Menschen wie mich, der im Glauben an den Kommunismus als der besseren Gesellschaftsordnung aufgewachsen ist und sich damit identifiziert hat, ist dieser Verlust an Kraft aus innerer Aufweichung schwer zu verdauen.«

In Dresens Wohnung, im 17. Stock eines Neubaus, standen ein paar Möbel, vor der Tür hing das Fahrrad; ein Mensch, ständig in der Improvisation lebend, fast immer nur in Turnschuhen – ein anständiger, geradliniger guter Kerl, keinerlei

Künstlerallüren verfallen, grundehrlich. Es war mein früher Traum, mit diesem Mann zu arbeiten. Er ist ein Regisseur zwischen Besson und Heinz, zwischen Stil und psychologischem Kern, dabei von hoher Musikalität. Er spielte mehrere Instrumente. Wenn man nicht Wünsche, Ziele, ein ganzes Leben außer dem Theater hat, sagte Adolf Dresen, was will man dann noch mit dem Theater? Er meinte einmal über die Schauspieler: »Ab einem gewissen Punkt seid ihr mir unheimlich. Ich begreife nicht mehr, wie ihr das macht und woher ihr das nehmt. Bis zu diesem Punkt trau ich mich auch, alles zu sagen, aber dann nicht mehr.« Dresen brachte Schauspieler auf eine sehr liebenswürdige Weise genau an diesen Punkt und hat sie dann wirklich in Ruhe gelassen.

Als ich Mitte der siebziger Jahre in seiner Bearbeitung des »Michael Kohlhaas« von Kleist die Titelrolle übertragen bekam, vielleicht eine der wichtigsten Rollen meines Lebens, las ich wieder und wieder den Text, und zwar die Novelle und unsere Bühnenfassung. Intellektuell war mir die Geschichte schon klar, aber ich fand jenen Zugang zur Figur nicht, der sie leben ließ; alles, was ich tat, blieb zunächst ein bloßes Operieren mit Worten. Aber um mit einer Rolle wirklich umgehen zu können, brauche ich von ihr klar erkennbare Konturen. Ich brauche, um eine Textur in meine Wirklichkeit zu holen, die Skizze der Figur, ich muß einen Grundgestus finden, der sie sozial einordnet, individuell charakterisiert. Das erste, was mir half, dieses Figuren-Bild zu finden, war das Kostüm. Mit einem wilden, bärtigen, lederbekleideten Rebellen konnte ich nichts anfangen. Also machte ich mich auf die Suche. Ich fand den Zylinder, die Weste, die Stiefel: Das war der Kohlhaas, den ich brauchte, ich sah ihn vor mir, betont korrekt und streng, auf Haltung eingeschnürt. Der preußisch-deutsche wohlanständig-disziplinierte Bürger. Er hat feste Lebensgrundsätze, und er vertritt sie durchaus mit Würde. So gradlinig und selbstbeherrscht wie seine Haltung ist sein Denken und Tun.

Den zweiten Ansatz, die Gestalt in den Griff zu kriegen, fand ich über die Sprachbehandlung. Ich erinnerte mich, wie in meinem Heimatdorf Reetz gesprochen wird: knapp, rauh, ohne Gefühlsbogen – Empfindsamkeit sorgsam verbergend.

Mit dieser Diktion – das Platt benutzten wir nur während einer begrenzten Probenphase – wurde der Kleistsche Text, der ja aus diesem Boden kommt, für mich handhabbar. Sprache ist ja mehr als Dialekt, sie ist Ausdruck von Leben, sie ist Hinweis auf die Art, Menschen zu begegnen. Ein bis zur Borniertheit gehender Gerechtigkeitssinn, aber auch eine schlichte Aufrichtigkeit, eine fast naiv-unbedingte Ehrlichkeit und dann die große Kargheit in der Gefühlsäußerung, die Strenge gegenüber unbedachten Gefühlen und voreiligen Gedanken und Urteilen – das alles waren mir vertraute Haltungen, die ich auch beim Kohlhaas entdeckte und die mich und die Figur zueinander kommen ließen.

»Am 28. April 1977 ist Adolfo von uns gegangen.« So steht es noch heute auf einem sorgsam gehüteten Briefkuvert des Deutschen Theaters, ein anderes Papier hatten Sie damals nicht zur Verfügung.

Irgendwo, während einer Probe, habe ich diesen Satz mit rotem Filzstift auf jenen Briefumschlag geschrieben, und ich hüte ihn wie eine lebendige Mahnung. Die letzte Vorstellung des »Michael Kohlhaas« fand am 5. Mai 1978 statt.

Adolf Dresen
ÜBER DEN »KOHLHAAS« 1976

»Mitte der siebziger Jahre arbeitete ich am Deutschen Theater an einigen Kleist-Aufführungen. Sie wurden eröffnet durch eine Collage ›Dichter in Preußen‹ (von Babu Honigmann) – da war zu sehen, daß die schlimme Lage der Dichter in Preußen der unseren in der DDR recht ähnlich war. Es war die erste Belastungsprobe für den neuen Intendanten, Gerhard Wolfram: Würde er das mitmachen? Natürlich wurde nicht offen gesprochen; aber – und das vergißt man heute gern – unsere Opposition richtete sich auch nicht gegen das, was wir unter Sozialismus verstanden. Der Westen war für uns keine Alternative. Und für eine Opposition von innen gab es einigen Spielraum. Ich habe sogar erlebt, daß Leute der Bezirksleitung der SED, sogar des ZK uns zwar offen kritisierten, aber heimlich halfen.

Im ›Prinzen von Homburg‹ erringt ein junger Heerführer einen Sieg durch Bruch des Befehls – das rührte an die Grundfesten der DDR-Staatsraison: muß nicht jeder Geniale die geltende Disziplin verletzen, und ist das nicht die Bedingung allen Fortschritts? Die Meinung des preußischen Regenten, des Kurfürsten, ließ sich in einem Satz Friedrich Engels' zusammenfassen, Freiheit sei Einsicht in die Notwendigkeit; wir akzeptierten diesen Satz mit der Bedingung: insofern die Notwendigkeit ein Einsehen in die Freiheit hat. Wir konnten das damals sogar öffentlich sagen.

Im ›Zerbrochenen Krug‹, mit dem ›Homburg‹ an einem Abend gespielt, ging es um Ähnliches – nur wurde die Raison da nicht von einem Genialen verletzt, sondern von einem offenbar Unfähigen; wir versahen diesen Dorfrichter Adam (Dieter Franke) aber mit soviel Sympathie, daß seine schließliche Flucht erschien wie eine Vertreibung aus dem Paradies, und daß die Beseitigung der bestehenden Korruption, Einführung der preußischen Ordnung durch den herbeieilenden Gerichtsrat Walter (Dietrich Körner) eher wehmütig stimmte – man erinnerte sich des Worts von Brecht aus den ›Flüchtlingsgesprächen‹, wonach in schlampigen Regimen doch immer noch einiges an Menschlichkeit durchgegangen sei.

Die Kleist-Aufführungen kamen, anders als der ›Faust‹ einige Jahre zuvor, politisch unbehelligt heraus – und so konnten wir darangehen, sie mit dem Abend zu beschließen, der der politisch brisanteste sein würde, einer eigenen Dramatisierung der Kleist-Novelle von Michael Kohlhaas. In der Nähe der Berliner Fischerinsel hatte es wenige Jahre früher an einem Haus noch eine Gedenktafel gegeben, hier, im alten Kölln, habe einst das Haus des Roßhändlers Kohlhaas gestanden; viele der Häuser der Fischerinsel waren inzwischen baufällig und von alten Leuten bewohnt, die sich gegen den geplanten Abriß verzweifelt und oft mit Kohlhaasischer Kraft wehrten. Heute stehn dort Hochhäuser. Wir haben damals, zusammen mit den alten Leuten, vergeblich versucht, den Abriß dieses Stücks Altberlin zu verhindern, und wir dachten damals zum ersten Mal an eine Bühnenfassung der Geschichte des Roßkamms Kohlhaas, der sich gegen das Unrecht erhebt. Die verzweifelte Aktualität unserer letzten Kleist-Arbeit sollte dann jedoch aus einer ganz anderen Ecke kommen.

Ursprünglich hatten wir geplant, alle Kleist-Aufführungen mit demselben Ensemble zu besetzen, und so erwarteten die meisten, Dieter Franke würde auch den Kohlhaas spielen. Da aber waren die ersten Sätze der Novelle, nach denen Kohlhaas bis in sein dreißigstes Jahr für einen der rechtschaffensten Menschen seiner Zeit ›und das Muster eines guten Staatsbürgers« habe gelten können; da ging es nicht um die Geschichte eines Revolutionärs oder Anarchisten, sondern um eine ganz und gar preußische Geschichte, in der einer den Staat nur ganz und gar ernst und völlig beim Wort nimmt, der gerade aus Staatstreue und Rechtsbewußtsein zum Mordbrenner wird.

Kurt Böwe war zu dieser Zeit keineswegs mehr ein Unbekannter, in unserem Ensemble aber war er neu und hatte seine Feuertaufe noch vor sich. Anders als der Plebejer Dieter Franke, mit dem er befreundet war, besaß er eine gute Bildung – er hätte ohne weiteres auch Dramaturg sein können. Für einen Schauspieler ist das nicht immer ein Vorteil – man kennt Kleists Geschichte vom Marionettentheater: Wer seine Schritte kontrolliert, kann manchmal keinen Schritt mehr tun. Er war, wie auch ich, Mitglied der Sozialistischen Einheitspartei Deutschlands; die Parteigruppe des Deutschen Theaters war damals allerdings keineswegs das, was mancher sich heute darunter vorstellen mag. Da wurde, was von ›oben‹ kam, oft keineswegs gutgeheißen, es herrschte ein offener und kritischer Ton; höheren Orts hießen wir ›Revisionistennest‹, und in kritischen Zeiten bekamen wir oft besorgten Besuch.

Die Zeit, von der hier die Rede ist, war kritisch. Biermann hatte zu einem Konzert in Köln die Ausreise aus der DDR bekommen und durfte nicht mehr zurück. Viele von uns kannten Biermann gut und waren mit ihm befreundet. Eine Unterschriftenliste kursierte, die gegen die Ausbürgerung protestierte. Ich bekam die Liste von Käthe Reichel, unterschrieb sie und versuchte, in meinem Spielensemble weitere Unterschriften zu bekommen – natürlich auch von meinem Hauptdarsteller Kurt Böwe. Nach meiner Erinnerung legte ich ihm den Zettel in die Garderobe und sagte ihm, er solle ihn durchlesen und sich entscheiden.

Auf den Proben hatte es bis dahin keine besonderen Probleme gegeben, nach dem Biermann-Debakel aber las nun jeder die Geschichte von Kohlhaas anders. Sie wirkte wie ein ›Jetzt ist es genug!‹ Gerhard Wolfram, der die Grenzen dessen, was sich das Deutsche Theater in politischer Hinsicht leisten konnte, schon ziemlich angespannt hatte, preßte die Lippen zusammen. Er sagte nichts. Er war in dem Dilemma, daß er den Kohlhaas in dieser Situation nicht herausbringen, daß er ihn aber ebenso wenig mehr absetzen konnte – das Hohngelächter, das dem gefolgt wäre, konnte er sich ausrechnen. Es begann eine anstrengende Zeit. Nach der Probe war Versammlung, nach der Versammlung Probe. An eine Probe erinnere ich mich besonders. Ich war gefragt worden, ob einige Genossen des ZK daran teilnehmen dürften. Es waren nach meiner Erinnerung ziemlich viele Leute, mindestens zwanzig. Sie saßen höflich ein paar Reihen hinter mir, und ich tat etwas, was meine Art sonst gewiß nicht war – ich probierte einen ganzen Vormittag, fünf Stunden lang, an einem einzigen Satz, und keiner wußte schließlich mehr, worum es da überhaupt ging, auch ich selbst nicht. Als die Genossen sich schließlich höflich verabschiedeten, sagte mir einer mit einer Art verzweifelter Anerkennung, so schwierig hätte er sich diesen Beruf nicht vorgestellt.

In diesen Tagen schien es, als ob sich fast jeder Kleist-Satz gegen die DDR richte. Manchmal diskutierten wir auf der Probe um Worte: ob man dies nicht besser weglassen, jenes im Interesse des Ganzen nicht besser abschwächen würde. Ich kannte diese Art Selbstzensur, ich hatte sie jahrelang selbst geübt. Jetzt war ich bockig, und die anderen mußten auch mich noch überlisten. Die Parteigruppe der Inszenierung, der ich nicht mehr angehörte, tagte. Doch welche Worte man auch wegließ, an der Sache änderte das wenig.

Dann kam die Versammlung, in der ich aus der SED ausgeschlossen wurde – mit sehr knapper Mehrheit, mit meiner eigenen Stimme und der meines väterlichen Freundes Wolfgang Heinz. Auch das stellen sich viele heute wahrscheinlich schon falsch vor. Mir war elend zumute. Ich war überzeugter Marxist und Kommunist gewesen, und mir schien, als verlöre ich den Boden unter den Füßen. Ich weiß nicht, wofür Kurt Böwe in dieser Versammlung stimmte, ich habe nicht aufgesehen. Ich wollte es nicht wissen. Wenn er für meinen Ausschluß gestimmt hat, muß es ihm schwer geworden sein. Die Biermann-Liste hat er nicht unterschrieben – auch das muß ihm schwer gewesen sein. Es gibt Zeiten, da sind alle Alternativen schwierig. Feige ist jeder, doch bin ich nicht der Meinung Heiner Müllers, es gäbe ein Menschenrecht auf Feigheit. In bestimmten Situationen darf niemand sich Feigheit gestatten. Ich habe Kurt Böwe nicht für feige gehalten. Er hing an seinem Land, und er ahnte schlimme Konsequenzen, so wie ich sie ahnte.

Entscheidend ist etwas anderes – und ich würde nicht am Theater arbeiten, wenn ich dessen Wahrheit nicht für die höhere hielte. Ich sehe Kurt Böwe als Kohlhaas auf der Bühne. Er wirkte in dieser Rolle eher schmaler als er eigentlich war – ihm fehlte, was er sonst gern zeigt, die ausbreitende Gemütlichkeit, sogar Behäbigkeit. Von Hause aus alles andere als ein Fanatiker, ohne Veranlagung zum Ideologen, begabt mit Humor und Sinnlichkeit, war er sozusagen zusammengezogen zu einer Messerschneide. Da stand kein Eiferer, Prediger oder Moralapostel. Einer, der eigentlich nichts sein will als ein guter Hausvater, Staatsbürger, Freund, Pferdehändler, Geschäftsmann, kann in der Welt, ungerecht, wie sie sich ihm darstellt, einfach nicht länger leben. Auf dem tiefsten Punkt der Verzweiflung bleibt ihm schließlich nichts anderes übrig, als schlechthin alles zu ändern.

Höflich, mit höchstem Respekt begegnete er in einer glänzend gespielten Szene dem über alles verehrten Doktor Martin Luther (Horst Hiemer) – in dieser Szene schien damals meine persönliche Situation zusammengefaßt, vielleicht auch die vieler anderer.

›Weiche fern hinweg!‹ empfing Luther den nächtlichen Eindringling und eilte nach der Klingel, ›dein Odem ist Pest und deine Nähe Verderben!‹ Kohlhaas, ohne sich von seinem Platz zu rühren, mit einem Griff nach dem Gürtel: ›Hochwürdiger Herr, dies Pistol, wenn Ihr die Klingel rührt, streckt mich leblos zu Euren Füßen nieder.‹ Luther, nach einer Pause: ›Wer gab dir das Recht, den Junker von Tronka, in Verfolg eigenmächtiger Rechtsschlüsse, zu überfallen, und da du ihn auf seiner Burg nicht fandst, mit Feuer und Schwert die ganze Gemeinschaft heimzusuchen, die ihn beschirmt?‹ Kohlhaas, den Hut ehrerbietig in der Hand: aus einer Gemeinschaft, die ihm das Recht verweigere, müsse er sich verstoßen fühlen – ›Verstoßen nenne ich den, dem der Schutz des Gesetzes versagt ist! Denn dieses Schutzes, zum Gedeihen meines friedlichen Gewerbes, bedarf ich; ja, er ist es, dessenhalb ich mich, mit dem Kreis dessen, was ich erworben, in diese Gemeinschaft flüchte; und wer mir ihn versagt, der stößt mich zu den Wilden der Einöde hinaus; er, gibt mir, wie wollt Ihr das leugnen, die Keule, die mich selbst schützt, in die Hand.‹ Luther, auffahrend: ›Wer hat dir denn den Schutz der Gesetze versagt?‹, und er gab Schluderigkeiten, Vergeßlichkeiten, Unabsichtlichkeiten, Zufällen aller Art, doch keinem Menschen schuld an der entstandenen Situation; er gestand ihm aber schließlich zu, mit dem Kurfürsten seinetwegen in Unterhandlung treten zu wollen. Da beugte Kohlhaas, entlassen, plötzlich vor Luther das Knie: er habe zu

Pfingsten, wo er sonst an den Tisch des Herren zu gehen pflege, seiner kriegerischen Unternehmung wegen die Kirche versäumt; ob er die Gewohnheit haben wolle, ohne weitere Vorbereitung seine Beichte zu empfangen und ihm die Wohltat des heiligen Sakraments zu erteilen. ›Ja, Kohlhaas‹, antwortete Luther, ›das will ich tun!‹, und, indem er ihn scharf ansah: ›Der Herr aber, dessen Leib du begehrst, vergab seinem Feind.‹ Und da Kohlhaas betreten zu Boden sah, fuhr er fort: ›Willst du dem Junker, der dich beleidigt hat, gleichfalls vergeben?‹

Es war sehr still im Deutschen Theater. Ich saß bei der Premiere im ersten Rang; links, nicht weit von mir, sah ich Lotte Loebinger mit ihrer Tochter Anna, die ich seit der Leipziger Studentenbühne kannte. In der Pause hatten beide mir zustimmend zugenickt. Lotte Loebinger griff sich an die Stirn und sah nach unten. Sie hatte mir einiges aus ihrem Leben erzählt. In den schlimmen Jahren nach 1936 hatte sie in dem berüchtigten Moskauer Hotel Lux gewohnt; sie war mit Herbert Wehner verheiratet gewesen und hatte womöglich nur überlebt, weil an ihrer Tür der Name ›Wehner‹ auf russische Weise als ›Wegner‹ transkribiert worden war.

Bescheiden, fast stotternd, mit leisester Stimme, lehnte Kohlhaas Luthers Vorschlag ab und wurde von diesem in Ungnade entlassen. Es war der eindrucksvollste Moment, in dem ich Kurt Böwe auf der Bühne gesehen habe, ein Moment der Verlassenheit, der Verzweiflung, der vollkommensten Ausgesetztheit. Ein frommer Mann verzichtete da auf das Höchste, das es für ihn gibt. Kurt Böwe kannte diesen Moment, so wie auch ich ihn kannte. Es war ein Moment, wie er auch von Luther selbst überliefert ist: Hier stehe ich und kann nicht anders, Gott helfe mir, Amen.

Der Kohlhaas war meine letzte Arbeit am Deutschen Theater, ich verließ wenig später die DDR.«

Kurt Böwe, setzen wir unser Gespräch fort: Wenn wir das Theater als einen Unfugladen bezeichnen wollen, dann möchte ich an Gedanken erinnern, die Sie, der Kurzatmige, mit beträchtlichem Atem zu Tönen formten: »Bühnenmenschen sind Verirrte, Leute, die nicht mit dem Leben zurechtkommen, weil sie es nicht auf eine einzige Schiene bekommen. Sonderlich groß und vom Boden abhebend im Trunke; man muß erleben, wenn sie sich an die Kantinentische setzen, lauernd und bereit, denn die Zeit des Auftritts kennt keine Begrenzung: Kaum hat der eine einen Witz erzählt, wird er überboten von den Einwürfen des anderen; man überfordert sich in den Auslassungen der Phantasie, sie gehen sich gegenseitig an die Pointen, als sei es jedesmal die Gurgel, und sind so fröhlich dabei.«

Das Ganze ist auch eine traurige Geschichte, denn heute sind sie zwar heiter, aber es wird später Abend werden, und morgen müssen sie wieder zur Probe, und der Gang nach Hause ist furchtbar, doch der kommende Morgen ist furchtbarer, weil der Trunk nicht aus den Gliedern will und statt dessen Mißlaunigkeit in den Körper hinein- und aus ihm herausstrahlt, und dann stellt so ein wackerer Mann sich auf die Bühne, obschon die seelischen Dinge noch im Zustand der Verwüstung sich befinden, und da kommt ein Regisseur und meint, daß der gemarterte Schauspieler gefälligst von rechts nach links und von links nach rechts zu gehen habe, wohlfeil auf seinen Lippen einen Text, der, verdammt noch mal!, nicht sein Text ist, den er sich nur unter Mühen ins Hirn gemeißelt hat, aber nur dünn geritzt in die Windungen, ein ewig flüchtiger Text also, und das Jammerbild eines Schauspielers ist im Entstehen, das in nichts darauf hindeutet, daß da vielleicht etwas Eigenständiges entstehen könnte. Bis sich der Alkohol doch verflüchtigt, aber dann braucht man vielleicht noch einen kleinen Doppelten, und nun wird alles weich und formbar und erkennbar in beabsichtigter Heiterkeit und Leichtigkeit. Dichters Text hat nun seinen Mund gefunden, aus dem der Geist zu sprechen vermag, und die Kollegen ringsum sind zwar schon müde, aber nicht müde genug, um nicht doch erstaunt zu fragen, woher der Kerl das alles nun nimmt. Sicher erreicht ihn bald die wohlverdiente Ermüdung, aber sie erreicht ihn, zum Glück, erst nach dem Schluck, den er schnell noch nimmt, nicht ohne reumütig auszurufen: »Heute wird noch mal gesumpft, morgen kommt der Wendepumpft.« Oder, wie Dieter Franke meinte: »Was sind wir Künstler doch für ein fröhliches Land, heute hier und morgen schon wieder besoffen.« Den Spruch, so sagte es Eberhard Esche in seiner Ansprache für den Toten, erfand Dieter Franke auf dem »Drache«-Gastspiel des Deutschen Theaters vor Urzeiten in Paris ...

Sie lachen, als wollten Sie weglachen, was unzumutbare Wahrheit ist: Der deutsche Schauspieler ist von Berufs wegen unglücklich, deutsche Theaterkantinen sind Sammelstätten des Unglücks. Peter Zadek sagte: »Wissen Sie, das Wort Kantine ist im Theater ein ganz wichtiges Wort. Das habe ich in Deutschland über die vielen Jahre sehr genau kennengelernt. Ab einem bestimmten Punkt ist mir bewußt geworden, was in einer Kantine passiert, wie sehr es die Arbeit stören kann. Da habe ich, sagt Zadek, meine Assistentin dazu gekriegt, daß sie auf der Bühne eine Kantine für die Produktion machen. Bei allen meinen Produktionen, wo auch immer ich bin, können Sie seitdem sehr gut essen – und zwar in der Probe. Der Sinn davon ist, zu verhindern, daß die Schauspieler in der Mitte von der Probe in die Kantine gehen, sich das Geschwätz dort anhören und sich äußern müssen. Da kommt von der einen Seit ein: ›Na, wie läuft's denn?‹ Und schon muß jemand was sagen – eher etwas Taktisches als etwas Wahres. Nach einer halben Stunde Unterhaltung, die er neben einer schrecklichen Bulette in der Kantine mitbekommt, geht er dann zurück in die Probe – taktisch verkorkst, wahrscheinlich mit einem schlechten Gewissen. Und der Regisseur muß wieder drei Stunden arbeiten, um ihn wieder zum normalen Menschen zu machen.«

Ja, das sind unzweifelhaft Sittenbilder der deutschen Theaterkantine: Bäuche, gewölbt wie die Rundhorizonte der Bühnen, fader Alltagssuff, überall rote Flecken auf den Gesichtern, geschwollene Nasen, trübsinnige Augen. Da sitzen sie, verdammt vom Zweifel und geplagt von Unlust: Der eine mag nicht spielen, weil der Regisseur eine Tüte ist, der andere, weil das Stück nichts hergibt. Der eine trinkt, weil er nur Nebenrollen bekommt, der andere, weil ihn diese ewigen Hauptrollen überfordern. Und, so fragt »Theater heute«, das Fachorgan der Trinker, das dem Drama des unendlichen Saufens an deutschen Bühnen sogar schon Kolumnen widmete: Warum trinkt jeder dritte? Die Antwort: Weil er früher an einem großen Haus spielte und jetzt an einem kleinen spielt, weil er ein verkannter Komiker ist oder ein unterschätzter Tragiker, weil er seit zwanzig Jahren in diesem Kaff lebt, weil ihm die Mühle des Repertoirebetriebes sein Rückgrat gebrochen hat, weil er unkündbar ist, weil er sich jeden Abend im Spiegel sieht und weil die Träume welken. Der vierte trinkt, weil es am Rhein so schön ist, und der fünfte hat keine Gründe mehr, es ist der Regisseur, er hat den horror vacui und trinkt erst recht. Die Gründe vergehen, die Kunst ohnehin, das Bier aber bleibt sich gleich.

Nichts bleibt sich gleich. Zum Beispiel die Leidenschaft nicht. Mit wachsender Erfahrung, mit wachsendem Alter ist Ihr Leben im Unfugladen mehr und mehr durchsiebt von der Versuchung, Schluß zu machen mit dem Bühnenleben?

Irgendwann ist man ausgelotet, ausprobiert. Das Theater, das natürlich auch nur ein Instrumentarium ist, das irgendwo entsteht und dann zu einer gewissen Höhe kommt und dann wieder abstirbt, wie der Mensch eben auch. Im Moment, in geschichtsloser Zeit, ist die Neigung des Absterbenden ziemlich dominant. Und es ist der große Altersirrtum zu glauben, daß man noch immer so fit sei wie die anderen. Es ist schwer, das zuzugeben. Also wird die großzügige Rückzugsgeste vollzogen, und die ist nichts weiter als Feigheit – denn der Rückzug hat nichts, aber auch gar nichts mit Großzügigkeit oder Freiwilligkeit zu tun, sondern auch wieder mit dem Wunsch nach Auffälligkeit. Denn zu allem Überfluß wird gehofft, irgendeiner möge kommen und flehen: Bitte, komm doch zurück auf die Bühne! Nein, es ist eine große Gnade, rechtzeitig zu erkennen, daß die Kräfte nicht reichen. Jede Welt geht zu ihrer Zeit auf ihre Art unter. Und im übrigen wären ja genügend Lärmhelden da, die dieses rüde Geschäft weitertreiben. Denn daß es ein rüdes Geschäft ist, davon dürfen wir getrost ausgehen. Ich zitiere da gern ein weiteres Mal den nobelsten aller deutschen Schriftsteller im 20. Jahrhundert, Thomas Mann. Dieser aprobierte Vielseitenschreiber im epischen Bereich nannte das Theater eine Kunst, die alles bedenkenlos verkürzt: Diese Schauspieler sterben binnen kurzer halber Stunden – wachen auf und machen weiter. Das stimmt, Verkürzung ist unser Geschäft. Auch wenn Ibsen und Tschechow ganz ausführlich die innere Zerstörtheit des Menschen in verstörter Welt zeigen – Theater muß aus dem seelischen Vertrackten immer wieder hinaus ins Grobe stoßen. Einzig von der Innenschau wird es auf die Dauer nicht leben können. Und ehe die Dinge auf allen tiefen Grund und an ein furchtbares Ende getrieben werden, sieht der Schauspieler zu, daß er unbeschadet in die Kantine und dort zu einem kühlen Bier gelangt.

Aber vorher Applaus.

Und zwar, wenn möglich, sehr, sehr viel. Und von allen Mitspielern bitte den meisten!

Sie sprachen eben von geschichtsloser Zeit. Was ist das?

Ganz einfach gesagt: Zeiten, in denen es schwer geworden ist, wirklich etwas zu erzählen. Die Abenteuer sind doch wahrhaft marginal geworden. Leben bleibt in dieser schleichenden Oberflächlichkeit des Nur-durchkommen-Müssens stekken. Mehr und mehr ist unser Leben von der Erkenntnis bestimmt, daß wir auch da, wo wir kritisch sind, letztlich nicht Teil der angestrebten zivilisatorischen Lösung sind. Was wir auch tun, und sei es noch so engagiert – wir bleiben in diesem westeuropäischen Teil der Welt Teil des Problems.

Die einzig mögliche Rettung ist immer Arbeit.

Was an den Theatern zerbricht, ist die Kette der Generationen. Das wäre wirklich das Wunderschönste: Theater wieder als Haus aller Generationen, vor allem mit jungen Schauspielern, die sich Kollegen wünschen, die ein Vorleben haben, eine Verwurzelung in Geschichte, Menschen, denen man das Jahrhundert ansieht. Erben einer Zeit, die aufgewühlter war, revoltierender. Aber ich werde einen Teufel tun, deshalb jüngere Generationen generell zu kritisieren. Die Qualität kritischen Denkens kann halt, soll sie charakterprägend sein, in relativ geschichtslosen Zeiten schwerer aufgebaut werden. Heute, so sagt es Frank Baumbauer, »machen Sie mit einem jungen Ensemble Heiner Müllers ›Germania 3‹ und müssen denen erstmal erklären, wer Thälmann war.«

Tun Sie nicht resignierter, als Sie sind?

Stimmt. Aber ich bin wirklich froh, daß ich nicht unter dem Zwang leide, meine Erfahrungen müßten unbedingt genutzt werden. Nein, ich sage nur, daß es sie gibt. Was man damit macht, ist unerheblich. Damit ist gesagt, daß es nicht unbedingt helfen muß, wenn man sie benutzt. Das ist auch so ein Trugschluß der Alten. Aber ich gebe zu, ich habe einen Hang zur Hoffnungsrederei. Der nicht kleiner wird, je näher wir dem Ende aller Veranstaltungen kommen. Denn die Hoffnung, daß es ein Weiterleben gibt, braucht man gerade dort, wo Zeit und Kraft knapp werden. Weiterleben ist nämlich eine schöne Möglichkeit.

Und es bleibt dabei: Im Unfugladen ist der Schauspieler der Wichtigste. Das Theater ohne Schauspieler ist totes Theater.

Der Dichter schreibt sein Stück, er hat gleichsam die Wäscheleine aufgespannt. Die Regisseure und Dramaturgen und Bühnenbildner und Musiker kommen und hängen bunte Wäsche auf. Nun kommen auch die Schauspieler, sie erst sind wie der Wind, der die bunte Wäsche flattern läßt. Jetzt erst ist das Bild lebendig. Doch am Ende, ganz am Ende ist die Bühne so leer wie am Anfang.

DIE ALTEN UND DIE JUNGEN

»Unverständlich sind uns die Jungen«,
Wird von den Alten beständig gesungen;
Meinerseits möcht ich's damit halten:
»Unverständlich sind mir die Alten.«
Dieses Am-Ruder-bleiben-Wollen
In allen Stücken und allen Rollen,
Dieses Sich-unentbehrlich-Vermeinen
Samt ihrer »Augen stillem Weinen«,
Als wäre der Welt ein Weh getan –
Ach, ich kann es nicht verstahn.
Ob unsre Jungen, in ihrem Erdreisten,
Wirklich was Besseres schaffen und leisten,
Ob dem Parnasse sie näher gekommen
Oder bloß einen Maulwurfshügel erklommen,
Ob sie, mit andern Neusittenverfechtern,
Die Menschheit bessern oder verschlechtern,
Ob sie Frieden sä'n oder Sturm entfachen,
Ob sie Himmel oder Hölle machen –
Eins läßt sie stehn auf siegreichem Grunde:
Sie haben den Tag, sie haben die Stunde;
Der Mohr kann gehn, neu Spiel hebt an,
Sie beherrschen die Szene, sie sind dran.

THEODOR FONTANE

II.
DER UNFUGLADEN
Eine Umschau

Kurt Böwe, welches Verhältnis haben Sie zu Kollegen?

Hubert von Meyerinck sah sich einmal die Inszenierung eines
Kollegen an. Er fand die Aufführung gräßlich. Danach ging
er heiteren Sinns zur Premierenfeier. Seine weibliche Begleitung fühlte sich äußerst unwohl und fragte: Aber Hubsi, wenn
er dich nun fragt, wie er gewesen sei – was willst du denn bloß
sagen? Hubert von Meyerinck: Sagen? Aber ich bitte dich!
Nein, nein, nichts sagen – lügen, Verehrteste, lügen!

NIE SAH IHN JEMAND ETWAS ZERBRECHEN

Heiner Müller verschwindet auf Fotografien

Es erstaunt, wie oft sich der Dichter Heiner Müller fotografieren ließ. Es gibt unzählige Momentaufnahmen, aber auch sehr auffällige Arrangements. Alle Welt – ein Hintergrund für Zigarre und Whiskyglas. Viele Fotos wirken inszeniert, sie spielen Theater, und betrachtet man das betont Lockere zahlreicher Szenen und Posen, so benötigte Müller wohl nur kurze Zeit, um die vom jeweiligen Fotografen gewünschte Maske überzustreifen; und oft, wie es scheint, verwuchs unter dem Gesetz des stetig wachsenden Abbildungsdrangs einer reiz- und quotengierigen Öffentlichkeit die Maske mählich mit dem Gesicht. Ein zeitgemäßes Irritationsmuster: Inszenierung und Simulation werden via Medien zu etwas befördert, das der Betrachter dann bereitwillig als Wahrheit nimmt.

Thomas Bernhard sprach in seinem Roman »Auslöschung« von der Fotografie als einer vollkommen an den Schein verlorenen Wirklichkeit. Porträts von Heiner Müller zeigen genau dies, und sie zeigen gleichzeitig, daß der Schein Bestand des Seins und also wirklich Teil einer Wahrheit ist.

Müllers unprätentiöse Bereitschaft, Fotorahmen gleichsam wie eine Bühne zu nutzen, gab vielen Fotografen Gelegenheit, an diesem freundlichen, hilfsbereit-gelassenen Menschen die eigene bildkünstlerische Handschrift auszuprägen. Aber: Heiner Müller, der Serien-Held, kannte auch die Regeln seiner eigenen Kunst, nämlich: hermetisch zu bleiben. Porträts dieses Künstlers enthüllen nichts, es sei denn eine mit den Jahren charmanter und raffinierter werdende Distanz und Unangreifbarkeit.

Viele Bilder zeigen einen Menschen, der in die Arbeit mit Fotografen mit einer verläßlichen Gewißheit geht: Auf dem fertigen Abzug wird nichts zu sehen sein, was er nicht selber zeigen will. Das Porträtfoto als Detail einer Selbst-Darstellung, die Offenheit präsentiert – und doch immer geschickte Verweigerung bleibt.

Zugleich stellt sich beim Betrachten eine Ahnung von fotografischer Faszination ein, die über Müller hinausgeht, wir kennen sie vom Durchblättern alter Familienalben: Mit jedem Porträt, das uns zeigt, werden wir uns einer Welt bewußt, die mit uns selbst untergehen wird; und man selbst ist der einzige, der all die Emotionen deuten kann, die mit den fotografierten Szenen und ihrer Entstehungszeit verbunden waren. Durchs Fotografiertwerden erhält unsere Existenz für eine blitzschnelle Zeit jenen selbstgesetztewigen Rahmen, der im realen Leben höchstens als Sehnsucht fungiert.

Mit jedem Werk, das ein Künstler schafft, verlagert er seine Einmaligkeit in ein Produkt. Jede große Dichtung drängt die alltägliche Persönlichkeit ihres Urhebers hinter sich zurück. Des Dichters kleines Leben verblaßt hinter jedem großen Schritt, der ihn mittels Literatur, möglicherweise und bestenfalls, zur Unsterblichkeit führt. Heiner-Müller-Fotos erwekken den Eindruck, daß sich der Porträtierte zu einem gehörigen Maß Sentimentalität bekennt: Ein Genie, das sich schreibend an sein Werk verliert, wehrt sich mit Fotografien gegen eine von ihm selbst in Gang gesetzte Unvermeidlichkeit – daß hinter Müllers Werk der Mann Müller wirklich nicht mehr als eben dieser Mann Müller ist. Als Synonym für Schulze oder Meier.

Nichts ist dem Gedanken des Todes näher als ein Porträtfoto – hält es doch etwas fest, das im Moment, da das Bild entsteht, bereits vergangen ist. Fotografie dokumentiert Vergänglichkeit und wird doch gemacht, um deren Ausblendung zu versuchen.

Der Frankfurter Schriftsteller Wilhelm Genazino hat in einem wunderschönen Essay an Heiner Müllers Stück »Hamletmaschine« erinnert, in dem die Regieanweisung zu finden ist: »Zerreißung der Fotografie des Autors.« Genazino meint, mit der Metapher dieser symbolischen Selbstzerstörung versuche Müller der Tatsache zu begegnen, »daß jeder Autor, auch der kritischste und individuell unverdaulichste, immer auch ein Unterhalter ist, der der Gesellschaft, die er doch nur hat untersuchen oder darstellen wollen, immer auch Material für ihre Zerstreuung liefert.« Das belegen fast alle Fotos, die Müller (wie kein anderer deutscher Autor) von sich fertigen ließ, und es gibt einen Brief Müllers, den er 1985 an

Heiner Müller in Bayreuth

die Regisseurin Ginka Tscholakowa schrieb und in dem er
über »Brechts Irrtum vom relativ geringen Gebrauchswert
des Todes« nachdachte. »Das Gegenteil ist richtig, außer, vielleicht, für den, der ihn sterben muß. (Nicht nur das Theater
lebt davon.)«

Stephan Suschke, ein paar Jahre Chef am Berliner Ensemble, lange Zeit engster Mitarbeiter Müllers, nahm 1993 ein Foto in Bayreuth auf, wo der Regisseur Wagners »Tristan und Isolde« inszenierte. Es zeigt den Dramatiker und Theatermann in einer deutschen (Deutschen?) Bank, er selbst fast ein Schemen, hinter Schalterjalousien, die wie Gefängnisgitter aussehen. Der Farbabzug des Fotos zeigt auch den strahlend blauen Bildschirm eines Computers ... »Blau schreibt Leonardo/ Mit seiner linken Hand in Spiegelschrift/ Ist keine Farbe ist ein Zufall aus/ Luftströmungen und Hintergründen Nichts/ Ist blau der Himmel eine schwarze Heimat.« Die Abenteuer des ausgehenden Jahrhunderts finden in den Schalterhallen einer deutschen (Deutschen?) Bank statt. Zukunft reduziert sich auf die nächste Anschaffung. Auslaufzeit für Erfahrungen. Vielleicht ist Heiner Müller (auch) an diesem Krebs gestorben.

Die Stärke von Fotografie ist deren momentane Kraft. Daß ein Bild Zusammenhänge auseinanderreißt, bleibt seine anregende Tugend wie seine anhaltende Not. So wie Heiner Müller in der Zugespitztheit und provokativen Behauptungslust seiner zahllosen Zeitungs- und Fernsehgespräche der letzten Jahre ganz er selber war und doch auch stets neben sich stand, als Erfinder von Interview-Worten, so erzählen unzählige Fotografien die Geschichte eines Autors, der Aufspieler war und Versteckspieler. Das ergab einen unverwechselbaren Kunstwert, der sich – als Klischee des Zynikers – gut verkaufen oder ebenso gut bespeien ließ. Aber wer dem einen oder anderen Lager je verfallen war (und Müller so oder so Unrecht tat), dem gehen Sätze nicht mehr aus dem Herz, die Stephan Hermlin und John Berger im Januar 1996 bei der Trauerfeier für den kleinen schmächtigen Freund sagten.

Berger: »Man hat dich oft angeklagt, die Dinge zu zerbrechen, aber niemand hat dich je selbst etwas zerbrechen sehen.«

Hermlin in seiner Rede im Berliner Ensemble, erinnernd an die dort täglich stattgefundenen Lesungen nach Müllers Tod: »Die Menschen, die sich seinetwegen versammelten, verspüren einen Verlust, den sie nicht ersetzen können, vielleicht aber auch etwas wie Reue, als hätten sie etwas versäumt.«

Man schaut auf Fotografien des rauchenden, inszenierenden, rauchenden, lesenden, redenden, rauchenden Heiner Müller und fragt nach den Momenten, in denen ein Mensch wirklich nur sich selber gleicht. Die besten Arbeiten in der fotografischen Kunst verteilen Licht und Schatten so, daß ein Geheimnis ahnbar wird. Im Falle Müller: ein Geheimnis, das mit Witz und Liebenswürdigkeit zu tun hat. Und mit jener riesigen Kraft, die es kostet, im Einverständnis mit der Welt zu bleiben.

Heiner Müller. Ein Geheimnis, das war; Fotografen können nun nichts mehr tun. Was bleibt – das sieht nur, wer Heiner Müller liest.

GEHEN ÜBERS GEBIRG

Einar Schleef: »Droge Faust Parsifal«. Ein Theaterbuch

Schleef, Jahrgang 1944, hat seine Prädikate weg. Stücke-schänder. Schauspielervergewaltiger. Klinischer Fall. Eitler Neurotiker, obszön, widerlich. Seine Kunst, so die Hambur-ger »Zeit«, löse schwere Ausfälle in der bürgerlichen Wahr-nehmung aus. Wenn man etwas nicht verstehe, aber achte, rede man gern von »Genie«, wenn es freilich das Erträgliche überschreite, von »Monster«. Für so ein »Monster« hält man Schleef, für einen Berserker. Man sah ihn am Berliner Ensem-ble (»Wessis in Weimar« nach Rolf Hochhuth, »Puntila« nach Brecht) als den Rädelsführer einer künstlerischen »Wehr-sportgruppe« an, und Peter Zadek, von Widerwillen aus dem Haus getrieben, nannte Schleefs Arbeiten »Faschismus-Scheiße«. Die hätten, so »Die Zeit«, wie nichts anderes die deutsche Theaterwelt polarisiert, aber nun, da kaum noch etwas von ihr übrig sei, stehe just dieser Regisseur da wie ein Sieger wider Willen. Ein Dinosaurier der Bühne, nicht zu desi-gnen.

Welche Wirkung er ausübt, läßt sich übrigens auch daran ermessen, daß die Wucht seiner Arbeit nicht aus einem über-bordenden Kontinuum erwächst, sondern aus nicht einmal zehn Inszenierungen in zehn Jahren!

»Droge Faust Parsifal« heißt das 500 Seiten starke Buch, in dem Schleef Schleef erklärt. Auf dem Rücktitel steht: »Wie-viel Droge braucht der Mensch«. Der Erzähler, Dramatiker, Regisseur, Bühnenbildner und Maler verknüpft auf geradezu gierige Weise biographische Reflexion mit Überlegungen zur eigenen Theaterästhetik, literarische Reportage mit drama-turgischer Analyse. Wie gehauene oder abgesprengte Blöcke stehen deutlich voneinander abgesetzt die Absätze des Es-says, ein endloses Band dichter, gnadenlos genau beobach-tender Sprache; das Komma ist dem Autor näher als der Punkt. Gehen, gehen, gehen. Dutzende Kapitelüberschrif-ten (... Traum, Licht, Beton, Gott, Sprache, Schmerzen, Anru-fung, Bausteine, Blut-Spur, Gegenwelt, Uniformen, Trüm-mer, Theater, Stottern ...) gliedern das Werk, das doch nicht zu gliedern ist: Leben und Kunstwelt gehen ineinander über, ein tektonisches Schieben, schwer ergründlich – und doch so unergründlich leicht.

Schleef lädt ein in seinen Kopf, er erzählt, warum »Droge und Utopie einer Gemeinschaft« untrennbar miteinander verbunden sind, und er begründet zum Beispiel die »Irritierung und Erregung, die von einer Gruppe gemeinsam sprechender Menschen ausgeht«. Shakespeare habe den antiken Chor aufgespalten, die daraus folgende Individualisierung sei aber nicht nur schauspielerfreundlicher Zugewinn, sondern ebenso ein bedeutender inhaltlicher Verlust, den kein Protagonist wettmachen könne. Der Gesamtzusammenhang der auf der Bühne agierenden Figuren sei fortan zerstört; damit sei jede Gestalt auf eigenes Leid zurückgeworfen, in fragwürdiger Art befreit von Verantwortung füreinander. Schleef analysiert »die antike Konstellation der Einzelfigur, des werdenden Individuums, das der Chor ausschließt«. Sein Theater, so Heiner Müller, baut so »einen neuen Spielraum zwischen Aischylos und Popkultur, das den Chor zum Protagonisten macht, weil es die Geburt des Protagonisten aus der Unterwerfung der Frau nicht akzeptiert.«

Arbeit ist für Einar Schleef ein zu »erklimmendes Thema« – so, wie man einen Berg erklimmt. »Ein eisiger Schneewind, der die Sonne verdeckt, die Sicht langsam eindunkelt, man sieht kaum einen Meter, man muß sich festhalten, fest am anderen, um nicht abzustürzen, dann für Sekunden Licht, den Absturz vor Augen, man klammert sich an den anderen. Ist man doch lieber allein? Man verkriecht sich in sich, betet, nicht abzustürzen, die Sonne aber fährt in diese Überlegungen, der Schnee im Gesicht schmilzt, und alles liegt hell und ruhig vor einem. Der Schreck, die Angst wüten noch, müssen langsam zur Ruhe gebracht werden. Ist das geschehen, ist man im dicksten Schneesturm.« Sind wir aus der Gefahr, besänftigt durch uns selbst, stehen wir in noch größerer Gefährdung: Irrewerden ist möglich.

Diese Selbstbeschreibungen erinnern in ihrer rücksichtslosen Intensität und sinnlichen Wahrnehmungskraft an Werner Herzogs Buch »Gehen im Eis« – wie da einer, ein Regisseur, von jetzt auf gleich von München nach Paris läuft, den geradesten Weg, hin ans Sterbebett einer geliebten alten Schauspielerin. Als sei Gehen Rettung. Gehen, gehen, gehen. Noch mehr erinnert Schleef an Büchners »Lenz«, wie der übers Gebirg wandert, bedauernd, daß er nicht auf dem Kopf gehen kann. Schleef geht auf dem Kopf durchs Gebirg. Verrückt, verletzt, verletzend, grundverloren dem ausgesetzt, was ihn ins Leben setzte, und das heißt: Er ist konfrontiert mit dauernder Zurückweisung (Geburtsort Sangerhausen!) und fortwährender Notwehr gegen Ausgrenzung (im Osten, im Westen!).

Gehen, immer wieder das Gehen. Tatsächlich ist Schleefs Text ein laufender Text, der Autor geht in Landschaften wie in Kämpfe. Eine Fahrt nach Spanien, die Erinnerung an ein Gewitter im Harz, ein freudloses Leben in Wien – alles ist ein Sich-Überschütten von erfahrner Zeit, relativ ereignislos, aber da ist ein Mensch prägend der Lieblosigkeit begegnet, und ihn muß wundern in seiner Lage, daß rundum so gräßlich glücklich gekleinbürgert wird. Manchmal erscheint alle schaufelnde Aktivität wie eine hektische Flucht davor, einer Sehnsucht nach Ruhe nachzugeben. Wie der erschöpfte einschlafwillige Mensch im Eisgebirg, dem nur eine harte Ohrfeige vorm glücklichen Erfrieren rettet.

Einar Schleefs Buch ist in beherzter Weise zudringlich, weil sein Autor ein Zudringling ist. Zu dringend ist ihm, was ihn angeht. Er lebt in der Kunst, seine Aura kann wohl auch Angst machen. Er wird das Hämmern im Kopf nicht los, wie er das Hämmern des Herzens nicht los wird (welches Hämmern ist lauter?), und es gehört zu den eindringlichsten Stücken des Buches, wenn Schleef das ihn tiefunglücklich machende »Gegenüber Lehrer – Schüler« beim Inszenieren beschreibt. Kleist, so notierte Heiner Müller, sei Schleef als Dichter am nächsten gewesen. Kleist, ein Dichter ohne Volk. Schleef, ein Schauspiele Erfindender – ohne Schauspieler, wie sie seine Kunst fordert? »Jahrelang schluckte ich ihr Desinteresse ... War ihnen nicht bewußt, daß in einem Arbeitsverhältnis gearbeitet wird, daß man nach getaner Arbeit ausgehöhlt, müde in der U-Bahn döst, friert, wie andere Arbeiter neben einem im Halbschlaf nach Hause dämmert. Man sich nicht mehr erinnern will, im Bett einrollt, um neue Kraft zu schöpfen, damit die Schmerzen, der Druck, die Müdigkeit abnehmen, am nächsten Tag erleichtert zu ertragen sind, damit der nächste Abend vielleicht frei ist, damit man an ihm endlich doch etwas anderes unternehmen kann, als vor der Glotze einzuschlafen?«

Schleefs Theater sei kein Schauspieler-Theater, heißt es oft. In einem Sinne stimmt das: Es ist kein Produkt der Solisten, keine Veranstaltung der Virtuosen. Dieser Regisseur geht von einem ganz anderen Berufsverständnis aus; dessen Kriterien sind unbändiger Einsatzwille, obsessive Einfügungskraft und glühende Leidenschaft für den Aufenthalt an aufreibenden Nahtstellen von Körper und Sprache. Leben ist Raubbau am Leben. So entstehen Schöpfungen.

In diesem Sinne ist er ein Aufbraucher, ein in der Arbeit Befreiter, der künstlerische Produktion an die Sozietät von Gleichgesinnten bindet. Alles und jeden hineinreißend in die verzehrende Lust, große Räume zu füllen. Ein Utopist der Gemeinsamkeit, wohlwissend, daß er Strukturen des Stadttheaters sprengt, von daher bleibt er reizbar, bedrohlich laut in störrischer Zielsicherheit.

Wer mit ihm zusammenarbeitet, lernt die Weihen und den hohen Preis der Selbsthärte kennen. Denn jedes Verwickeltsein in eine Inszenierung dieses Mannes ist bedrohliches, seeleschürfendes Ausgesetztwerden in eine Brandung Öffentlichkeit, die hoch- oder wegspülen kann. Bühnen, die ihn engagieren, umstrahlt umgehend das Prädikat des außergewöhnlichen, vielleicht sogar unbedenklichen Mutes. Freundschaftliche Warnungen werden geflüstert, während im Hintergrund der Skandal lächelnd auf seine Stunde wartet. Auch Schleef lächelt. Aber er wartet nicht. Er ackert und rackert, probt und tobt; er treibt, was aus tiefster Tiefe seiner selbst kommt, auf die Bühne: auf die Spitze.

Der Inszenator, 1998 im Foyer des Wiener Burgtheaters, kurz vor Beginn einer siebenstündigen Aufführung des »Sportstücks« von Elfriede Jelinek: ein Mann im Smoking, der eben noch der große Junge in Sandalen und einschnürend umgehängtem Campingbeutel war. Ein Glücklicher, der aus der Masse der Besucher herausragt. Dessen Körperlichkeit aus einem Widerspruch resultiert: Er, von wenig segensreicher biographischer Vorgeschichte geplagt, strahlt doch schicksalsfreie Unverformtheit aus. Günther Rühle, in den 80er Jahren Intendant in Frankfurt (Main), schrieb, Schleef sei ein Mensch, »mit dem etwas ankommt«. Er hat Kraft, die einnimmt und zugleich verunsichert. Dem kann man nur mit Ja oder Nein begegnen.

Was eigentlich ergibt bei einem Menschen jenen so schwer herstellbaren Zustand, den man das In-sich-selber-Ruhen nennt? Schleef ist einer dieser Seltenen, und er ruht in sich, weil sein Motor, der sich dröhnend von vielem abstößt, genauso stark ist wie jener andere Motor, der ihn auf eine Sache zurasen läßt. Dies genau, das quälende, von Erfahrung und deren gleichzeitiger Leugnung verordnete Gleichgewicht (das muß man erst mal dauerhaft aushalten!) – es ergibt innere Ausgeglichenheit, die aber keinen Gegensatz bildet zu dem, was ebenfalls zu Schleef gehört: aus sprachlicher Störung kommende Schüchternheit, instinktive Vorsicht und ein Mißtrauen, das sich in Forciertheit entlädt. Er produziert aus sich heraus, er produziert sich, er verbrennt sich in Arbeit, er ist von nervenoffener Bereitschaft, über Grenzen zu gehen. Und aus aus all dem erwächst – und da sieht man ihn wieder seine »Sportstück«-Aufführung von der Seite des Zuschauerraums mit Trillerpfeife dirigieren – eine prunkende Identität.

Über Grenzen gehen: Das muß als Unart angesehen werden in einer Welt gewachsener Grenzenlosigkeit, in der aber zugleich das Bewußtsein von Grenzen aller Art stets schneller wuchs. Die Chancen für deren Überwindung sind eindeutig geringer geworden. Doch Schleef wehrt sich gegen eine Enthärtung des Selbst, dagegen, sich Grenzziehungen anzuschmiegen.

Die Kunst dieses Mannes kommt aus der Situation eines Stromers, dem Leben ständig als etwas begegnet, auf das er vorbereitet ist. Vorbereitet darauf, daß ihm alle Welt zum bereits erwähnten Sangerhausen gerät: dem Herkunftsort, trübem Germania mit den bezeichnenden Nachbarorten Armut und Elend. Kyffhäuser, DDR, Enge, Zerrkreis zwischen »Nur weg hier!« und Heimatgeruch, der in allen Klamotten bleibt, lebenslang. Und der Schleefs Buch durchzieht. Heimkehr als Sehnsucht. Sehnsucht als Schicksal. Denn es ist Schicksal, einem Urteil gleich: sich nach etwas sehnen zu müssen, dem man doch gar nicht entrinnen kann!

Nie ist diese Prosa des Ungelittenen, Ungehobelten im unmittelbaren Sinne politisch; er schreibt immer über Privates, übers Zuhause. Und zu Hause ist nicht da, wo man Geschichte erlebt, sondern dort, wie es der Journalist Helmut Schödel beschrieb, wo man in deren Schwitzkasten keucht. Die verwinkelt-grauen Straßen, die verwitterten Häuser, das unlustige Wetter wie ein Krebs, der alles anfrißt. Schleefs Fotos und Sätze erzählen, wie schnell aus einer Landschaft ewiges Deutschland wird. Wie überall Pflaster wächst statt Gras, fürs Marschieren unterm mythischen Gewölk. Denn in Deutschland gerät irgendwann jede Bewegung ins Marschieren, und das Taktgefühl der Menschen kommt von den Märschen. Gegen solche Kindheitsempfindung, daß alles Schlagen stärker ist als alles Streicheln, aller Verlust größer als alles Lieben, alles Triste größer als aller Trost, hilft später kein Argument, kein schöner Text, kein samtenes Theater. Überhaupt nichts hilft gegen Druck durch Dreck.

Von einer Detailsüchtigkeit und Lakonik ist Schleefs künstlerischer Blick, daß man die brennesselumringten Zäune, den verfallenen Garten, die regennassen Straßen, die umstumpften Gesichter, kurz: alles Unverträgliche, was ein Alltag so aufbieten kann gegen den Menschen, noch lange nach der Lektüre vor sich sieht. Und man weiß, was schweres Leben ist.

»Droge Faust Parzival« ist Erinnerung. Etwa an die Mutter. Über Gertrud, diese Frau, die Proletarierin und Witwe eines Architekten (ein Zusammenleben des absolut Disparaten), schreibt Schleef Anfang der 80er Jahr einen Roman, ein berstendes Konvolut menschlicher Komödien und Tragödien. Damals ward ihm Schreiben eine tröstende, Fieber heilende und Fieber schaffende Droge. Dort drüben. In der BRD also, der neuen, aber nur anderen Fremde, wo er ohne seine Freundin ankommt, die in der DDR noch im Gefängnis sitzt, wegen »Republikflucht«. In der BRD, wo er selber schnell seine Unfähigkeit entdeckt, am »ekelhaften« Westleben teilzunehmen. So schreibt er an gegen die Einsamkeit in dieser

Bundesrepublik, in die ihn sein Wesen trieb. Und gegen die DDR-Kulturpolitik. Die der Ansicht war, da treibe jemand sein Unwesen. Und das ausgerechnet auf der Bühne des Berliner Ensembles, wo er mit B. K. Tragelehn Strindbergs »Fräulein Julie« inszeniert hatte. Jutta Hoffmann verläßt am Ende, über alle Stuhlreihen hinweg, die Bühne, das Theater, das Leben. Zuschauer reichen ihr helfend, sie stützend, die Hände. So macht Schleef aus Publikum Fluchthelfer.

Schleefs Schreiben ist von dichter Gegenwärtigkeit durchjagt. Sein Theater nun hebt diese Gegenwärtigkeit in antikisch durchwirkte Zeit-Räume ganz anderer Art. Es ist der eigentliche Kulturschock, weil sich das Ungeheuerliche, im Gegensatz zur Literatur, öffentlich vollzieht. Mit einer Wucht, die ein Mensch nur am Anfang und ganz am Ende hat, bricht er ein ins vor ihm liegende Werk, mit allen Künsten. Sucht den Punkt, von wo aus er sich ins Große und Freie sprengen könnte. Aber er landet immer in einem Theater, und fast jedes war bisher zu klein für die Zeichen- und Bildervielfalt, die da ihren Ausdruck sucht.

Dieser Künstler findet sehend (und zugleich die Augen verschließend vor traditioneller »Pflicht« zur »Werktreue«), phantasierend und wühlerisch ordnend für jedes Stück eine völlig neue Formwelt, der mit landläufigen Kriterien des Regietheaters nicht beizukommen ist. Geschriebenes ist Material, das benutzt wird; Rolf Hochhuth (»Wessis in Weimar«) kann ein Lied davon singen. Schleefs Theater bildet, wo immer es auftaucht, eine exzessive Fremdkörperschaft im üblichen Repertoire, nackt, chorisch hämmernd und chorisch flüsternd; aus Texten werden Oratorien, aus Schauspielern Arbeiter.

Einar Schleef tut, was er muß. Theater ist ihm ein Raum für Auseinandersetzung wider jeden Oberflächenrealismus. Seine besten Arbeiten wirken wie ein brennendes Seil über unaufhaltsam nachdunkelnder Welt: dennoch eine Einladung zum Tanz.

Aber der Hauptdarsteller, an den wir uns alle gewöhnt haben – der ist vertrieben.

VORSTELLUNGEN

Claus Peymann träumt Handke

Ein seltsamer Abend im Burgtheater Wien. So menschen- und traumfreundlich, so märchenhaft und pamphletisch, so voller Ursprünglichkeitsbilder, so leicht nebenhin erzählt, aber auch gedankenschwer herumkreisend. Ein Theaterstück? Ein Traktat? Ein Heldenepos?

»Zurüstungen für die Unsterblichkeit«, die siebente Uraufführung eines Peter-Handke-Stückes in der Regie von Claus Peymann: ein Weg durch die Zeiten – auf dem die Sehnsucht geweckt wird nach einem Anfang, der aber nicht mehr, von niemandem, erzählbar ist.

Aber das Ende, das immerhin wird erzählt, in 13 Bildern »vom letzten Krieg bis jetzt und darüber hinaus«.

Das Ende. Den Osten gibt es nicht mehr, der Westen ist nicht mal mehr Kraut und Rüben, im Norden steht ein Holzpferd im Kunstschnee, im Süden liegen lauter leere Bierflaschen. So beschreibt Peter Handke die Welt. Gibt das Licht den Blick auf die Bühne von Achim Freyer frei, hebt sich ein Schlagbaum. Ansonsten? Ein zerborstener Triumphbogen, ein sich im Boden drehendes Wagenrad, verbrannte Erde. The day after. Und vom Rundhorizont her (die Alpen?) dringt immer wieder (in klotzig-puppenhafter Aufmachung, der Chef ausstaffiert wie Batmans Gegenspieler Joker) die »Raumverdrängerrotte« ins Gebiet jener Enklave, die einst ein Königreich war. Triumphierend präsentieren die bösen Buben ihre kuriosen Waffen, mit denen man Echos beseitigen, Bäume aufsaugen und das Dreidimensionale der Welt zerstören kann.

»Rache! Rache? Gerechtigkeit.« Das waren die ersten Worte des Stückes. Der Ahnherr, ein Übriggebliebener (schwer, getragen, karstig: Wolfgang Gasser), beschwört mit letzter weiser Hoffnung die Bäuche seiner beiden Töchter (zart, verhalten, geduckt: Ursula Höpfner; drastisch, direkt, dorfwalkürisch: Traute Hoess). Von Invasoren vergewaltigt, werden die Frauen bald Mütter der künftigen Befreier sein. Felipe und Pablo Vega. Johann Adam Oest und Gert Voss.

Nichtsling der eine, Günstling des Schicksals der andere; der eine Versager, der andere Begründer und Träger einer befreienden Saga.

Pablo, der Weltläufige, der eines Tages zurückkommt, will ein neues Gesetz schaffen. »In hundert Jahren, sollte die Erde dann nur noch rabenschwarzes Getöse sein, soll durch unsere Periode hier und jetzt doch überliefert werden können, was Sonne, Farben, Bilder, Tanz, Töne, Stimmen, Stille, Raum sind.« Dieses neue Gesetz, das eine Atmosphäre schaffen möge, in der »Macht« ein Wort ist wie »Straßenbahn« – das genau ist sie: die Zurüstung für des Volkes Unsterblichkeit.

Von nun an geht die Rede ausdauernd um dies Gesetz, um ausladende Weltentwürfe und Menschenkleinheit. Wie gesagt, die Rede! Aber das Theater will nicht reden, das Theater will und muß spielen! Regisseur Claus Peymann läßt Flügel brennen und fallen, Flaggen aufflammen, Blätter zum Himmel schweben. Es schwirren Pfeile, und ein toter Vogel flattert plötzlich in die Lüfte. Es faucht und weht, der Krieg sendet seine Geräusche wie eine selbstverständliche Botschaft über den Erzählfluß.

In einer Zeit der lebenszerstörenden Überreizung, der Wertverlorenheit, des Geschichtsunheils, der zerstobenen Mythen und der polternd ungedämpften Informationshatz behaupten Handke und Peymann die Möglichkeit einer naiven, trotzig träumenden, witternden Gegenerzählung (»kein Jesus soll mehr auftreten, aber immer wieder ein Homer«). Handke beschwört – wie immer in seinen Texten – die begriffauflösende, Definitionen verdrängende Kraft eines unbeirrten poetischen Bedenkens. Und Peymann und seine Schauspieler versehen die Verkündigungstexte mit bühnenlebensnotwendigen Brechungen. Denn die karge Handlung statischer Figuren mündet stets wieder ins Epische, in die (freilich aufstörende) Verteidigung großartiger Nichtigkeiten, die unmittelbares Leben ausmachen. Schauspieler als Erzähler (»und dann ... und dann«) – des Lichts, das von der Seite einfällt; des Bleistifts, der in einem Hafenbecken schwimmt; der Flußkiesel, die mit den Schatten jener Blätter treiben, die aufs Wasser fielen.

Bilder weltverdrängender Abkehr? Oder klarsichtige Verweise auf jenes andere Leben, das wir aus den Augen verloren? Das doch aber Sinn stiften könnte: Dasein zu begreifen als Abfolge unendlich schauenswerter Augenblicke eines Trotz-alledem-Friedens in frostgrauer Welt.

Peymanns Theater träumt den Dichtertext auf eine Weise zu Ende, die sich der Gefahr rhetorischer Ermüdungen stets bewußt ist – und sie im Laufe des Abends mehr und mehr bannt. Gert Voss als Pablo Vega: natürlich der Held der Aufführung. Er betritt als Zehnjähriger die Szene, spielt den Jungen kurzbehost mit komisch-rührender Schlaksigkeit, und er führt die Figur mit heiserer Unruhe in die Zweifel des Alters; er ist der Aufragende, der doch Mensch bleiben muß – so wie sein neues Gesetz sich nicht endgültig ausformen, sondern wohl nur träumen läßt. Johann Adam Oest: der behinderte Bruder, ein pechvogeliger Heinz-Erhardt-Typ, der das Schicksal des Benachteiligten mit rundum strahlendem Selbstbewußtsein trägt. Anne Bennent als »Wandererzählerin«, ermutigende Frau an der Seite Pablo Vegas: unerotisch forsch, die Märchenfee als pragmatisch-freche Organisatorin des Träumens. Der grandiose Urs Hefti spielt den Enklaven-Narren, den alle einen Idioten nennen, weil sie in seinen Erzählungen die Wahrheit spüren. Und Martin Schwab verkörpert großartig das Volk: tumb, treu, temperamentlos.

Was das Erzählen ist, hat Handke in seinem tausendseitigen Roman »Mein Jahr in der Niemandsbucht« beschrieben: »Erst wenn die Fakten, die blinden, zu Tausenden verstruppten, sich klären und Sprachaugen bekommen, hier eins und dort eins, bin ich, weg vom Chronisten, auf dem guten, dem epischen Weg, und das arme Leben erhebt sich damit zum reichen.«

So ähnlich sagt es am Ende auch Anne Bennents Erzählerin, pathetisch froh, als seien wir am guten Ende des Märchens. Wir sind tatsächlich am Ende: Hinter ihr, wie aus einem Nebel, schält sich als Standbild die Raumverdrängerrotte. Schlußwort Erzählerin: »Eine andere Zeit wird kommen. Eine andere Zeit muß kommen.«

Freut euch. Fürchtet euch.

Marthaler trauert mit Horváth

»Kasimir und Karoline« von Ödön von Horváth am Deutschen Schauspielhaus Hamburg. Es dröhnt, das ist der Zeppelin. Es scheppert, das sind die Blaskapellen. Es klingt, das sind die Orchestrien. Es klirrt, das sind die Gläser. Es wird geküßt und geschrien und geschlagen, das sind die Menschen. Es tut alles so weh im Herzen, das ist der Marthaler.

Wenn das Orchester hochfährt aus jenem Nichts, das im Theater nicht Grab, sondern Graben heißt, und der Vorhang sich hebt, stehen die Leut' mit dem Rücken zum Publikum, vor hölzernem Rundbau mit Gucklöchern. Und sie gucken hinein in eine andere Welt – wo der Zeppelin fliegt und die Achterbahn fährt. Das Oktoberfest als Peepshow Draußengebliebener.

Auch die »Wies'n« ist bei Christoph Marthaler und seiner Bühnenbildnerin Anna Viebrock wieder zu dem geworden, was den beiden alle Welt wird: ein Wartesaal. Hoch und kalt und braun und fleckig. Links und rechts zwei einsame Inseln in ihrer letzten, billigsten Version: Herren- und Damentoilette. Die Damen ab in die Herren-, die Herren ab in die Damentoilette. Egal. Wo doch so vieles egal wurde.

Die Welt hat ihre Regeln, und das heißt vor allem: Im Wartesaal wird – gewartet. Auf ein liebes Wort. Aufs nächste Bier. Auf eine Bekanntschaft. Auf einen geilen Blick. Auf ein Wunder. Auf irgend etwas eben, das bitte nur anders sein möge als dieses beschissene Leben.

Wer wartet, hat Zeit. Wer Zeit hat, träumt. Wer träumt, verrennt sich. Und landet beim Theaterkönig der Zwischenzeit, wie Benjamin Henrichs diesen Christoph Marthaler bezeichnete. Dem gelingt es mit den 117 raschen, fröhlichbösen und himmelhöllischen Szenen des Ödön von Horváth um »Kasimir und Karoline«, uns bis auf den Grund zu verstören. Weil er uns einzugestehen zwingt, daß das, was wir am liebsten weit fortschieben möchten, uns im Innersten doch so nahe ist: die Ahnung vom Ende; es hat mit uns begonnen und scheint aber mit uns nicht enden zu wollen. Das Theater, dessen Zuschauer wir bloß zu sein meinen – ist es vielleicht der Ort, an dem die Geschichte unseres Lebens abläuft? Wegläuft? Und dies alles in einer Zeit, die so grausam ist, daß sogar die Liebespaare der Weltdramatik gezwungen sind, sehr sachlich und faktisch und unpoetisch von »Arbeitslosigkeit« und »Weltwirtschaftskrise« zu reden.

Kasimir, der Chauffeur, ist soeben arbeitslos geworden. Karoline, seine Braut, will ein Eis essen und Achterbahn fahren. Das ist alles, was man sich noch wünschen kann. Es reicht als Anlaß für die Fast-Tragödie. Aus Mißverständnissen, Verletztheit, Eifersucht und seelischem Eingesperrtsein wächst die Unumstößlichkeit der Trennung. Am Schluß wird ein Kiefer zerschlagen, falsche Paare finden sich, eine Cabriolet-Fahrt endet mit einem Herzinfarkt, und der Merkl-Franz (Urs Jäggi), der seine Tbc der Erna (Bettina Engelhardt) ausdauernd in die Handtasche hustet, wird verhaftet. Aber es wird weiter gesungen. Traurig behauptet der Mensch seine Nichtigkeit. Und jedes Alleinsein schwillt in Gesellschaft bedrohlich an.

Horváth, der 1901 in Fiume an der Adria geboren wird und 1938 in Paris unter einem vom Blitz zerstörten Baum stirbt, hat ein Stück geschrieben über die elementare Verlorenheit und Depression sozial entwurzelter Menschen. In erschütternder Großartigkeit greifen die Figuren, auf der Suche nach einem Ausdruck für ihre Gefühle, dauernd nur daneben.

Und diese Konsequenz im Danebengreifen führt zu Scherben, die Marthaler als Spiegel auf die Bühne bringt.

Die Inszenierung ist zart, witzig, liebevoll und brutal zugleich. Die Polonaise ist ihr Trauermarsch. Immer wieder fällt bedrohlich-depressive Stille über die Szene. In diesem Theater wird gesungen, geknufft, gegrabscht, vor sich hin gestiert, und auf dem falschen Schmalz des kruden Festes rutschen alle aus. Der Landgerichtsdirektor (Josef Ostendorf) wird, besoffen und versetzt, sogar das halbe Bühnenbild hinter sich in die Kulissen werfen.

Vorm Guckkasten ein Luftschacht. Dorthin tritt man, wie man zur Droge greift. Über diesem Gebläse-Wind sieht der Verklemmte noch verklemmter aus, aber Karoline (Olivia Grigolli) wie die Monroe. Ein kurzer Rausch. So kurz wie alles, was Illusion ist. Nur die Depression zeigt Dauer. Schnell wird aus Melancholie wieder Mief; nervöse, erwartungsvolle Bewegung erstarrt erneut zu lähmender Gleichgültigkeit.

Marthalers Inszenierungen sind stets auch Schöpfungsgeschichten; wo Gott längst müde geworden ist über seinem Menschen-Werk, erfindet der Schweizer noch immer und unentwegt stumme Gestalten – die mithelfen, den Theaterabend in tausend Einzelheiten eines am Ende furchtbar wahrhaftigen Welt-Bildes aufzufächern. Einer steht und guckt und steht, am Ende klaut er alle Biergläser. Ein Alter sitzt nur da, vertieft ins Selbstgepräch oder ewig dirigierend. Ein Schlagzeuger fällt um. Die Umfaller sind Marthalers Helden. Einmal öffnet sich der Guckkasten in der Bühnenmitte: Herausbrechen da der Zwerg und der Riese, auch Juanita, das affenbehaarte Mädchen. Die Abnormen dürfen Luft holen, ehe sie wieder eingesperrt werden. Die Welt will gaffen.

Es ist, als habe das Theater diesen Kasimir und diese Karoline auf der Flucht gestellt, unter Aufbietung letzter Kraft: um endlich zwei zu haben, die leben.

Josef Bierbichler: Kasimir mit den Schaufelhänden. Ein verschnürtes Kraftpaket von unendlicher Verzweifeltheit. Man möchte weinen, wenn man ihn nesteln sieht, stocken hört. Er ist der Nadelstich in jedes Herz. Ihn erblicken und wissen: Liebe ist eine Brücke. Die beim Vormarsch bricht. Der Mann im zu engen Streifenpulli, darunter die Seele wie ein leichter Stoff, der an schütterer Stelle reißt. Die Seele friert. Wie lange kann man dem eigenen Lied auf die Kehle treten? Noch einmal aber singt er. Dann endet der Abend, still. Und in rauschendem Beifall.

Wilson entführt Büchner

Die Revolution: Der Mensch weckt sich – mit einem Traum. Was aber blieb: Erinnerung an ein Erstarren – nachdem der Citoyen zum Bourgeois mutiert war und der leidenschaftliche Ideenmensch zum Leiden schaffenden Ideologen. Und der heiße Zorn geriet über den Weg des kalten Schmerzes zur lauen Langeweile. Georg Büchners Drama über die Französische Revolution, 1834 ungestüm aufs Papier gefiebert –

noch immer die faszinierendste theatralische Krisenbefragung: Wie nur konnte so tief ins Irdische stürzen, was derart erhitzt hinaufschoß ins Himmlische?

Revoltierendes Programm und mürbende Wirklichkeit: zwei Parallelen – auf Suche nach jener Unendlichkeit, in der sie sich angeblich schneiden. Nach den Gesetzen der Physik, nicht jedoch nach denen menschlichen Zusammenlebens. Unsere Unendlichkeit ist längst eine andere: »Trennung zwischen dem Politischen und dem Gesellschaftlichen, dem ausgehöhlten Rollenspiel des öffentlichen Handelns und den skeptisch-zynischen Tiefen des privaten Bewußtseins. Das Lebenselement der neuen Gesellschaft scheint das Apolitische, Private, Subjektive«. So Ivan Nagel, Dramaturg von Robert Wilsons rätselhafter, farbtrunkener, zeichenschwerer Büchner-Inszenierung am Berliner Ensemble.

Der deutsche Dramatiker und der entrückte Ästhet aus Texas? Das ließ, dem Vor-Urteil nach, ein unglückliches Transfer ahnen. Des Dichters pamphletisches Pathos – nun den kühlen, geometrischen Formgebungen jenes Lichtdesigners ausgeliefert, der, je nach Modeempfinden seines Publikums, als der Innenausstatter seiner eigenen Künstlichkeit geschmäht oder gepriesen wird.

Wilson entführt das Stück, wie jedes Stück, in seine autistische Welt aus wechselnden Lichtbahnen, Klangbildern sowie betörend reinen oder sanft ineinanderfließenden Farbflächen zwischen Feuerrot und Dunkelgrün und Himmelblau. Theater als eine Art Fotografie, die mühsam das Laufen lernt, und zwar in kostbaren, bleiernen Kleidern. Büchners Drama als wahrlich teurer Stoff.

Auf einer Stele, im Bühnenhintergrund, züngelt eine Flamme – Feuer der Revolution oder schon Totenlicht? Sie wird erstickt, bevor die Aufführung beginnt. Der US-amerikanische Blick auf den Verderb einer hoffnungsgroßen europäischen Revolte: Es ist der Blick eines Mannes aus einem Land ohne Vergangenheit und ohne Gründerwahrheit. Wilson hängt nicht an dem, was in Europa als Wunde blutet. Ihn interessiert die Leere der letzten Dinge als schöne, fleischlose Zeremonie. Wilson behandelt das Stück Dichtung als Stück Eis, setzt es aber jenem tiefstfrostigen Temperaturpunkt aus, bei dem jede Berührung nicht mehr unterscheiden kann zwischen Verbrennen und Erfrieren.

Danton, kartenspielende Frauen, müdes Genießen im Watteschwarz der Bühne: Vorbei die Orgie der Befreiung. Man sucht nicht mal mehr das andere, bessere Leben, stillt kein Begehren; man ist nur noch genetische Formel im Experiment einer fremden Macht. Es herrscht exzessive Distanz. Zwischen Mann und Mann, Frau und Mann, Frau und Frau, auch, wenn sich Danton von Julie oder Camille von Lucile verabschiedet: anonyme Entfernungen werden zelebriert; gekrümmte, tastende Finger, scharf gegen das Licht gestellt, deuten an, was das gewesen sein könnte: eine Berührung. Nur ein einziges Mal eine heftige Umarmung: wenn sich Danton vom letzten Mitkämpfer trennt, auf einem hohen Würfel stehend, der sich unter ihm öffnet: Fahrstuhl zum Schafott.

Wenn es stimmt, daß sich Zukunft irgendwann auf künstliche Satelliten verlagert, so ist Wilson ein konsequenter Utopist: Nichts verbindet die Menschen mehr miteinander, lediglich ein magisches Gefühl, einem sehr künstlichen Mittelpunkt nahe zu sein. Es gibt keinen menschenwürdigen Grund zur Existenz, außer der Ekstase der Bindungslosigkeit, bei der man wie über unsichtbare Drahtseile balanciert, immer wieder hinstürzt, keinen inneren Schwerpunkt findet.

Wilson zeigt die Preisgabe alles Organischen, die sich in leuchtender Todesphase vollendet. Das Gefängnis, in dem Danton und Kameraden auf den Tod warten: Gitterstäbe wie Harfensaiten, die Hände plätschern in blauem Wasser; Sterben als pervers-romantischer Kick, langweilig wie Leben.

Ein asketischer Zauber geht von den Bildern aus. Keine Energie ist da, die den Raum durchdringt, sondern jede Figur schafft ein Vakuum um sich herum, von dem es dann gleichsam angesaugt wird. Auch Sprache: nur eine Fortsetzung menschlicher Fähigkeit zur Abwesenheit. Aus Volkes Aufruhr ist Nosferatus Nachtspaziergang geworden. Die Revolution ein Vampir, Dantons Tod: nicht schenll richtende Guillotine, sondern langsame Ausblutung.

Ja, alles Menschliche ist bei Wilson konsequent künstlich. Als sei nichts schöner als künstliche Geschwindigkeit im Herzen natürlicher Räume oder elektrisches Licht bei vollem

Sonnenschein. Man muß bei diesem Performancer die schier unveränderliche Dauer von genau gezirkelten Arrangements und die verrückte Augenblickshaftigkeit einer Scheinwerfereinstellung als Einheit genießen wollen; es gibt eine merkwürdige Affinität zwischen der Sterilität der Räume und des Spiels, zwischen der Sterilität der Verlangsamung und plötzlicher Verausgabung. Wie Elemente eines Traums muß man diese Bilder akzeptieren, gleich einer anderen Zeitlichkeit, auf deren Oberfläche man wie auf schwerem Wasser treibt.

Für Wilson sind unmittelbare historische Zusammenhänge nicht wichtig. Er verwandelt Figuren in Chiffren, Gestalten in Bestandteile. Sicher, er beschädigt dabei Dramatik, reduziert Vorgänge und Personal. Seine Kunst ist auch Gewerblichkeit, die sich selber preist. Was aber nun, wenn das Aseptische seiner Exerzitien auf geniale Schauspieler trifft?

Der »Danton« ist auch in diesem Sinne ein berückendes, verstörendes Erlebnis. Die Figuren treten aus dem Schatten, verschwinden darin, paradieren vor leuchtendem Weiß. Gespaltene, teils grimassierende Persönlichkeiten, zwischen sarkastischer Hoffnungslosigkeit, somnambuler Leidenskraft, entrücktem Gleichmut. Starr schleichend oder zappelnd wie Käfer. Durch Wilsons Brille schauen wir wie Naturwissenschaftler in eine Glasvitrine. Demokratisches Theater: Der Schauspieler hat die gleiche Chance wie ein Farbtableau. Alle physische Erscheinung ist ausgezehrt. Man sieht die Stille, die eine Totenstille ist. Vielleicht sind die Figuren nicht ganz tot. Nicht mal scheintot. Aber schöntot.

Martin Wuttkes Danton: Nichts an dem Mann verfällt mehr der Sehnsucht. Er verkörpert die Hochform letzter ziviler Existenz: befreit zu sein von allen Wünschen. Noch eine einzige dröhnende Rede, sie kippt in den Stimm-Bruch. Der Abschied von seiner Frau Julie: eine Kreatur kringelt sich, in Todesnähe plötzlich wird das bleiche Gespenst Kind, es hat Angst. So wehrt sich plötzlich nicht nur Danton gegen das Unabänderliche, auch scheint Wuttke gegen Wilson zu rebellieren: Die Kunstfigur gerät zum Menschen, treibt sich selbst an eine Grenze, wo den Zuschauer grausig-schöne Erwartung erfaßt: Wie kommt einer von dort draußen wieder zurück zu sich selbst?

Tabori befreit Beckett

Samuel Beckett. Der erste Gedanke: Warten auf Godot. Gert Voss auf der Bühne. Der erste Gedanke: Warten auf Kirchner.

Der Schauspieler, nervös werdend, harrt seines arg unpünktlichen Kollegen. Probenbeginn! Wo ist Kirchner? Endlich kommt er – Voss' Verstimmtheit freilich, das steht für den Abend fest, wird Ignaz Kirchner nicht wieder ausbügeln können. Es beginnt das Stück – vorm Stück. Zwei Schauspieler präsentieren nicht in klassischer Manier das fertig Inszenierte, nein, sie probieren, sie zeigen allen Unfug ihres Arbeitstages. Ganz allmählich erst gleiten sie hinüber in jene Geschichte, in der einer lahm und blind, der andere von anderen Schmerzen geplagt ist. Herr Hamm und sein Knecht Clov. Voss wird Hamm sein, Kirchner wird sich fügen. Voss gefällt's so. »Endspiel« von Beckett am Akademietheater in Wien.

George Tabori hat mit zwei der gefeiertsten deutschen Schauspieler diesen Beckett inszeniert – und mehr: Er hat ein von Philosophen des Theaters arg gequältes Stück befreit. Wie haben die's jahrzehntelang in die düstere Bedeutung gepreßt. Wie haben sich die einen seiner Wahrhaftigkeit verweigert, wie sich die anderen darin gesielt – so, als sei Wahrhaftigkeit identisch mit Wahrheit. Tabori hat das schwer atmende Spiel unter Mülltonnen, Särgen, gestorbenen Bäumchen und all den anderen Apokalypse illustrierenden Kulissenhalden hervorgeholt. Nun atmet die Bühne wieder ihre graue Tiefe. So fing alles an, auf dem Theater und der Welt; vielleicht endet so auch alles – aber wer war bei dem einen oder anderen schon dabei. Höchstens einer: Tabori. Ihm kann man glauben.

Vielleicht ist dies das Geheimnis des George Tabori: daß man ihn nicht überraschen kann. Und so darf das Nichts endlich wieder Nichts sein, und die Welt hat ihre Ordnung und ihren Zauber, wenn sie von nichts weiter als zwei begnadeten Schauspielern betreten wird.

Voss und Kirchner auf der Probe. Als sei Publikum noch ferne Zukunft. Die einzige.

Nach Regieanweisungen Becketts zeichnen sie mit Kreide den ganzen Raum, die Drehtür, die Fenster, die Mülltonnen auf den Boden, dazu zwei Stühle, ein Eimer. Fertig die Welt; man glaubt gar nicht, was man alles nicht braucht, um sie zu sehen. Was fehlt, ist ein Plüschhund, den gibt Kirchner später selber. Und Nagg und Nell, die Eltern, spielen beide natürlich auch. Was sich in der Kostümierung und Reqisitensuche zunächst vollzieht – bei Sticheleien, gegenseitigem Bemalen mit Kreide und Hosenzerschneiden –, ist eine zwerchfellerschütternde Clownerie mit scheinbar improvisierten Texten, bei klar gesetzter Hierarchie. Voss: der Regisseur seines Partners, gereizt besserwisserisch, quällustig, befehlsarrogant. Er nimmt den Habitus des Hamm vorweg; und auch später, wenn beide in ihre Rollen hinübergleiten (das eigentliche Kunststück, das nur Große vermögen), wird Voss den Ignaz Kirchner belehren, wie man kurz lacht, in eine Mülltonne schaut, Überraschung spielt. Kirchner: nervgepeinigt, geduckt geduldig, mit introvertiertem Zorn. In ein großes Herz passen viele Beleidigungen. In ihm vereinen sich unwirksame Güte und unbefriedigte Bosheit.

Hamm und Clov, das aneinanderklebende Paar: Das lausige, lustige Los, die Letzten zu sein. Der Lahme und Blinde demütigt den, von dem er abhängt; der Gedemütigte droht ständig mit Flucht, aber sein Widerstand versandet nach kurzen, heftigen Aufwallungen in trotzigen Gesten, die der Blinde nicht sieht.

Voss und Kirchner nehmen das Ende von Anfang an nicht ernst, aber jenes Spiel nehmen sie todernst, das lediglich einer einzigen Regel folgt: Wir spüren den anderen nur wirklich, wenn wir ihn verletzen. Ob die Welt nun voll oder leer ist.

Wer das Leben so leidenschaftlich haßt wie diese beiden einander hassen, wie muß der am Leben hängen.

Es ist die größte Torheit, sich mit Menschen zu verbinden, und eine noch größere, zu glauben, man könne sich von ihnen lösen.

Nicht der Blitz beherrscht das Universum, erzählen da zwei Schauspieler, sondern die bittere Ironie, und nichts, sagt Beckett, ist komischer als das Unglück. In diesem Sinne sind diese beiden wahre Possenreißer, denn wer seine Probleme überlebt, ist ein Narr.

Wenn Clov beim bösen, traurigen Schlußmonolog des Hamm mit Mantel und Rucksack bewegungslos im Hintergrund steht, sich im entschlossenen Weggang (wohin?) unterbrechend, ahnt er wahrscheinlich, was ihn aufhalten könnte: Nur zwischen Geistern, die bestrebt sind, ihre Ratlosigkeit zu festigen, bleibt ein Gespräch möglich.

Hier wird also kein definitives Endspiel gegeben, sondern das Ende einer Partie. Denn Morgen ist wieder Erwachen, und Erwachen ist eine Erbsünde wie das Geborenwerden. Ein neues Spiel, das alte Unglück. Das ist für mich überhaupt die Metapher für den Künstler: der Spieler, der sich auf ein Spiel eingelassen hat, bei dem er überhaupt nicht weiß, was es ihn kosten wird. Ein erschreckend heiterer Abend. Theater, das ganz zwei Schauspielern und ihren unruhigen Träumen gehört. Und einem wunderbar leisen Regisseur, der es vollbringt, daß wir die Wahrnehmung des Nichts als Triumph über die Leere empfinden. Auch wenn weh tut, was auf uns zukommt.

Tabori hat einmal gesagt, das Schönste am Tod seien die Überraschungen, die weit vor diesem letzten Ereignis lägen. Außer einer vielleicht: daß Ignaz Kirchner plötzlich pünktlich zur Probe käme. Das wäre nun wirklich das Ende vom Spiel.

DER WIND, DER STOCK, DER SAND
Zum Tode von Klaus Piontek. 1998

Hohe Kunst
alles unbrauchbar

Jeder Schauspieler ist ein König des Augenblicks. Groß ist der Preis, den er zahlt: Indem er einen Text verlebendigt und also Vergangenes beschwört, ist seine Arbeit selber fortdauernd von Vergänglichkeit gezeichnet. Sie haftet an allem, was er tut. Deshalb wirft sich der Schauspieler geradezu fliehend in die Arme der Gegenwart, um immerfort zu spüren: Ich lebe, ich lebe, ich lebe ...

Mein Kollege Klaus Piontek ist tot. Plötzlich hat alles Reden über die prickelnden Attribute des Berufs etwas sinnlos Kokettes.

Piontek, der Schlesier, geboren 1935, seit 1962 Mitglied des Deutschen Theaters Berlin – das war verinnerlichte Spottkraft und hohe Sprachkultur. Seine Liebe zur Kunst lebte er aus in einem wohldosierten Komödiantentum, stets darauf bedacht, im leichten Sinn des Spiels geistige Erbschaften nicht zu vertun: Die Schwere ist die Wurzel des Leichten, und die Ruhe ist Herr der Erregung.

Kostümierungen nahm er als notwendiges Berufsübel hin, gegen Maskierungen wehrte er sich entschieden. Dieser heitere Skeptiker hatte Manieren, und sein Stil war geistige Akkuratesse.

Auf unserer Bühne in der Schumannstraße war er nie der große Held, und niemals schielte er beifallssüchtig über die Rampe. Doch er hatte die Anziehungskraft eines Mittelpunktes, in dessen Nähe sich der große Zusammenhang offenbarte, warum man miteinander arbeitete. Klaus Piontek war ein Sozialist geradezu britischen Zuschnitts, verbindend, verbindlich, freilich gleichermaßen mit Charme distanzfähig. Er steht für die Zeit, da man nicht nur am Theater arbeitete, sondern im Theater lebte. Er hatte etwas, das man nicht kaufen, nicht proben, nicht erben kann: eine Aura.

In einem letzten Zeitungsinterview hat Klaus Piontek ehrgeiziger Selbstvergessenheit in unserem hemdsärmeligen Gewerbe mit gewohnt sanftem Sarkasmus widersprochen. Er sei ein Liebhaber des vierten Platzes, dies sei der anstrebenswerteste Platz auf der Welt: »Man jagt ein bißchen diejenigen, die unbedingt aufs Treppchen wollen, ist also ernstzunehmender Konkurrent – aber andererseits bleibt man weitgehend unbehelligt von der Öffentlichkeit. Eine segensreiche Position. Denn wen interessiert das, was ich tue, in Tokio? Ich liebe meinen Beruf, aber es ist mir nicht gegeben, alles todernst zu nehmen.« Und er erinnert an ein Fernsehinterview mit Asta Nielsen: »Ganze Bibliotheken füllt die Beschreibung ihrer Arbeit. Und dann sehe ich eine Greisin, ausgesetzt einer gnadenlosen Kamera, minutenlang kein Wort, die Tränen liefen ihr über die Wangen. ›Ich bin so allein‹, sagte sie schließlich, und dann kam der wunderbare, grausame Satz: ›Ruhm ist: Bei Wind mit einem Stock in den Sand schreiben.‹«

Erinnern kann die Verluste nicht aufhalten, aber es kann das Vergessen verhindern. Denn das Abhandenkommen von Vergangenheit ist der Zustand, in dem der Einzelne beliebig wird und also beliebig manipulierbar. Denkt man an Theatermacher wie Klaus Piontek, gleicht einem die Wendung zum Konservativen wie ein guter Weg. Diese Wendung scheint mit gegenwärtigem Leben, in dem andere Maßstäbe die Hauptrollen spielen, nicht mehr viel zu tun zu haben. Aber mit Trauer hat sie viel zu tun. Trauer, die von der blöden Tatsache ausgeht, daß einen just der Verlust eines guten Menschen stärker das begreifen läßt, was wir nun ohne ihn – ohne Klaus Piontek – allabendlich zu erfassen und zu zeigen haben: Wir sind nicht die Entertainer der Konsumgesellschaft, aber auch nicht die moralischen Richter des Gemeinwesens. Wir sind nicht die Zweifelzerstreuer vom Dienst und noch weniger die Retter der Verzweifelten (da wir selber nicht zu retten sind). Auch wähnen wir uns nicht als die besseren Politiker (obwohl dies vielleicht die leichteste, wenn auch verräterischste Übung wäre). Nein, wir bleiben, wie es mein Münchner Kollege Rolf Boysen sagt, blinde Wanderer auf den Trümmerfeldern der Hoffnungen und Sehnsüchte – aber manchmal ertasten wir etwas, das seinen Glanz noch nicht verloren hat. Dann kräftigt Theater die Potenz der Selbstveränderung, dann hat es Tröstlichkeit, dann wirkt es weiter durch seine verhaltensändernde Kraft der verschärften Wahrnehmung.

Der Anlaß für Theater bleibt der Widerspruch zwischen Tatsächlichem und Möglichem, wie verdeckt der immer auftreten mag. Diesen Abstand kritisiert die Kunst, ohne auf eine rasche Heilwirkung zu schielen. Ohne aber auch mit der Wirkungslosigkeit zu kokettieren.

III.
DER UNFUGLADEN
Eine Umfrage

*Kurt Böwe, Interviews mit anderen
Theatermachern in Ihrem Buch.
Warum?*

*Wenn schon Nabelschau,
dann mit Niveau – und so, daß man
andere schön mit hineinzieht.*

ANDREA BRETH
über eine Lok in Sibirien, Deutschland und eine irische
Devise. 1996

*Andrea Breth, 1952 geboren, ist Regisseurin. Sie studierte Literatur
in Heidelberg, inszenierte u.a. in Bremen, Hamburg, Berlin, Zürich,
Freiburg und Wien. Sie ist Mitglied der Akademie der Künste und
Professorin für Regie an der Berliner Schauspielschule. Zum Zeit-
punkt des folgenden Gesprächs war die Kortner-Preisträgerin künstlerische Leiterin der Berliner Schaubühne. 1998 gab sie diese Verantwortung auf. Künftig wird sie am Wiener Burgtheater arbeiten.*

*Wir müssen der Ungeduld
einen Strich durch die Rechnung machen
Ein Verhöhnungsprozeß wohlgemerkt*

Andrea Breth, Sie sprachen einmal, bezogen aufs Leben mit
dem und im Theater, von einem »nahezu klösterlichen Ideal-
zustand«. Ist Ihnen alles Gewöhnliche draußen im Alltag
zuwider?

Zuwider ... Mich interessiert Alltag nicht sehr, das gebe ich
zu. Wer ranschaffen will, wem Spülmaschinen und Fernseher wichtiger sind als Bücher und Bilder, der soll bitteschön
so leben. Ich bin neugierig und versuche, mich auf wesentli-
chere Dinge zu konzentrieren.

Apropos Fernsehen. Theater hat es immer schwerer gegen
die Surrogate ...

Ach was! Erstens wird zuviel geplappert statt gearbeitet. Wer
sich auf den Zeitgeist einläßt, wird von ihm geschwächt. Also
laß ich mich nicht ein auf ihn. Und zweitens habe ich keinen
Fernseher. Also kann ich auch über das Fernsehen nicht
reden.

Keinen Fernseher?

Nein. Ich fürchte mich vor zu viel Schwachsinn, und letzten Endes hätte ich das Gefühl, mit lauter falschen Leuten den Abend und die Nacht verbracht zu haben. Das erspare ich mir.

Sie können generell auf vieles verzichten?

Ja, es ist erstaunlich, was man alles nicht braucht – ohne deshalb zu verarmen. Von Armut kann man erst dann sprechen, wenn es an Ideen und an Phantasie fehlt.

Ich merke schon, am besten ist, wir bleiben in unserem Gespräch beim Theater.

Ja.

Ist Theater für Andrea Breth ein Paradiesersatz?

Sagen wir so: In einer Welt, in der Freiheit auf Spielraum reduziert und das Paradies für viele offenkundig nur noch als Ferienparadies vorstellbar ist, bedeutet Theater für mich eine große Gnade.

Könnten Sie eigentlich auf dem Lande leben?

Wie kommen Sie denn darauf?

Im Zusammenhang mit der Inszenierung von Gorkis »Nachtasyl« an der Schaubühne sprachen Sie von einer Angstvision: eine Welt zu erleben, in der es keine Natur mehr gibt, eine Welt, in der man nur noch unter der Erdoberfläche lebt, eingesargt in Beton. Das sei eine Vision, die quasi aus Stadterfahrungen kommt.

Manchmal wünscht man sich, daß alles zusammenstürzt, manchmal fürchtet man schon den kleinsten Riß. Es ist die Sehnsucht nach dem Bröckeln und zugleich die Angst davor. Auf dem Lande könnte ich auf Dauer nicht leben, aber ich habe die Sehnsucht danach. Eigentlich halte ich es nirgendwo aus.

Lange Zeit lebten Sie in Berlin.

Diese Stadt ist unter den städtischen Unerträglichkeiten noch immer die ehrlichste. Häßlich, kraß, ungestalt und – überall dieses »Bockwurstmilieu«, das man nicht unterschätzen darf, weil es politisch ja einiges zu sagen hat.

Der Kabarettist Matthias Deutschmann meint, in Berlin passieren einem ständig zwei Dinge: Mit dem Blick landet man im Wandspruch, mit den Füßen in der Hundescheiße.

Berlin ist in besonderem Maße Konfrontation Ost gegen West, Alt gegen Neu, Baustelle gegen Schaufenster. Hier funktioniert am wenigsten, was der Westen versucht: uns einzureden, alle Probleme seien in den Osten abgewandert.

Nun haben viele Menschen im Osten tatsächlich ein Problem mehr als der Westen: Sie müssen mit einer Niederlage fertigwerden.

Auch Niederlagen lösen Gefühle aus, denen man Zeit, Raum und einen Wert lassen muß. Diese hirnlose Schnelligkeit, mit der die beiden Teile Deutschlands zusammengeschustert wurden, dieser offizielle Befehl zur Euphorie – das alles konnte ich schon unmittelbar nach dem Mauerfall nicht nachvollziehen. Und der Sieg des Kapitalismus ist ein sehr zweifelhafter.

Wir kommen drauf. In einem Gespräch mit dem Publizisten Klaus Dermutz bekennen Sie sich zu einer Art Gottesbild von Ibsen: Der meint, wenn Gott einen Menschen ganz besonders mag, macht er ihn zum Individuum, und dann zerbricht er ihn.

Ich fürchte, daß auf der Welt alles genau so eingerichtet ist, ja. Daß ich mir freilich eine ganz andere Welt vorstellen kann, ist ein Grund für mich, Theater zu machen.

Wir sind wieder bei den Niederlagen: Wahrscheinlich ist der

Mensch zwar für große Ideen gemacht, aber nicht für deren Verwirklichung.

Wenn den Iren alles überm Kopf zusammenfällt, sagen sie nur: »It could have come worse.« Im Unterschied zu uns.

Um auf den Sozialismus zurückzukommen: Bei Ihrer Inszenierung von Wampilows »Letzten Sommer in Tschulimsk« bleibt die Lok immerhin im roten Sand stecken.

Ob die Lok nun im Sand steckt oder nicht: Es ist ignorant und gefährlich, wenn wir bereit sind, eine Idee aufzugeben – nur weil ein Versuch ihrer Verwirklichung scheiterte. So waren sich über Nacht plötzlich alle einig, daß der Sozialismus eine schlechte Idee gewesen sei. Kürzlich gastierten wir mit »Hedda Gabler« in Kanada, und während des Festivals hörte ich hinter mir im Zuschauerraum das Gerücht, Rabin sei erschossen worden. Nach der Vorstellung wußten alle: Es ist kein Gerücht, und ich dachte: Immer wieder werden Menschen umgebracht, die etwas bewegen wollen. Aber dadurch ist die Bewegung doch nicht zu Ende! Ich hasse diese überflüssige Larmoyanz, mit der einige Leute ihren Unwillen zum Handeln übertünchen.

Der Sieg des Kapitalismus: Es besteht also die Gefahr, daß wir uns nur noch für die falschen Dinge interessieren?

Alle reden von Lebenserwartung, keiner mehr von der Erwartung ans Leben. Aus dem Kampf ums Dasein wurde der Kampf ums Obenaufsein. Viele Menschen, auch sehr sozial denkende, missionieren uns mit der Überzeugung, außerhalb des Wohlstandes sei kein Heil möglich. Ich finde, besonders dieses Land, in dem wir leben, ist so verflucht schlecht gelaunt. Ist der deutsche Mensch heute glücklich, will er morgen überglücklich sein. Im Ausland geht es vielen schlechter, aber die Laune ist überall in der Welt besser als bei uns.

Ich will nochmal zurück zu dem, was Sie vorhin sagten: Theater sei eine Gnade für Sie.

Es kann doch nicht genügen, etwas Schönes für sich allein zu erleben. Der vollkommene Genuß entsteht erst dann, wenn andere daran teilhaben können. Das kann Theater. In seinen schönsten Momenten hat es etwas unerhört Erotisches. Lauter Wunder passieren. Läuft eine Probe gut, verliebt man sich dauernd: in die Dichter, die Schauspieler, in Szenen, Räume, Töne. Der Preis sind freilich die Ängste, diesen Wundern nicht gewachsen zu sein.

Nun umfängt uns eine Welt, in der Aufmerksamkeit nur erlangt, wer verletzt und verstört, wer aggressiv ist. Wo und wie und wem kann Theater noch Verletzungen zufügen?

Ja, was ist heute noch wirklich verletzend? Der Golfkrieg war ein gefälliges Fernsehspiel; über das, was Medien an Brutalität und Grobheit bieten, kann Theater ohnehin nicht hinaus. Aber muß es das überhaupt? Theater soll ein wenig Hoffnung machen. Stanislawski zum Beispiel sagte, sich mit Tschechow zu beschäftigen bedeutet Gefühlshygiene. Theater ist Gefühlshygiene. Weil wir über Verletzung gesprochen haben: Die einzige Verletzung, die Theater noch zufügen kann, besteht wahrscheinlich in seiner Poesie. Ja, am meisten irritiert heute, wenn etwas verletzend schön ist.

Was ist das – verletzend schön? Fällt Ihnen auf Anhieb ein Beispiel ein?

Ein jüdisch-amerikanisches Ehepaar hat in Jerusalem eine Gedenkstätte für die ermordeten jüdischen Kinder gestiftet. Diesen Raum kann man nur einzeln betreten, man sieht ein paar Fotos von Kindern, hört leise Musik, geht mit den Gesichtern, die man gesehen hat, weiter. Plötzlich ein großer, dunkler Raum, in dem man sich selber nicht mehr sieht, aber mit einem Kosmos aus Kerzenlicht konfrontiert ist. Dieses Licht wird vervielfacht durch Spiegel. Eine ruhige, dunkle männliche Stimme nennt Namen. Und man verbindet alle Namen, die zu hören sind, mit den Gesichtern, die man gesehen hat, auf den wenigen Fotos. Setzen Sie dagegen das öde politische Geschmetter um ein Holocaust-Denkmal in Berlin – so wird man zurückgeworfen auf die Unkultur, die einen umgibt. Weil das Bedürfnis nach Zeichensetzung nicht spürbar ist.

Sie sind Regisseurin. Heißt das automatisch: Künstlerin?

Nein. Ich fühle mich zuallererst als Handwerkerin. Es gibt so ein Bedeutsamkeitsgebaren, das mich stört. Als mal jemand bei einer Probe vorwurfsvoll und pseudotief meinte, er wisse gar nicht, wo er in der Inszenierung vorkomme, antwortete ihm die Regisseurin Katharina Thalbach: Ich kann dir sagen, wo du vorkommst – auf dem Besetzungszettel, und nirgends sonst. Der Satz gefällt mir. Für meine Auffassung von Arbeit gilt: Eine Inszenierung hat dem Text zu dienen. Mein Ehrgeiz besteht darin, die Sprache, die Seele eines Stückes zu finden – und sichtbar zu machen. Wer an Stücke nicht mehr glaubt, muß sich selber eins schreiben. Er sollte aber den Anstand besitzen, Dichter nicht zu vergewaltigen. Die Weltdramatik ist kein Supermarkt mit Grabbeltischen.

Redet man über Theater in Deutschland, wird gejammert: kein Geld. Stimmen Sie ein in das Klagelied?

Nein. Es hat in anderen Ländern Theatertruppen gegeben, die waren verboten, also gingen sie in Zugabteile und lasen den Mitreisenden die Zeitung vor. So, daß laut wurde, was zwischen den Zeilen stand. Das ist in hohem Grade politisches Theater! Und die Idee kam den Betreffenden, weil ihnen der traditionelle Theaterraum genommen war. Das sind für mich Dinge, die Mut machen. Es geht nämlich nie zuvorderst ums Geld; es geht zuvorderst darum, ob man eine Sache wirklich will. Und diesen Willen kann mir keine Bundesregierung ausreden. Wie hat denn John Cassavetes, einer der besten US-Filmregisseure, angefangen? In einer Garage, mit Blödelkamera und einer Zeitungsannonce. Und wer antwortete auf die Annonce? Peter Falk. Das ist es! Immer diese Frage danach, wer die Mittel gibt. Die Mittel gibt man sich selbst. Talent ist Interesse, hat Brecht gesagt.

ULRICH WILDGRUBER
über die Liebe zu den Bergen, wenn man aus Bielefeld
kommt. 1997

*Ulrich Wildgruber, geboren 1937, spielte an zahlreichen deutschen
Bühnen; er war Lear und Tasso, Danton und Hamlet, Fiesco und
Krapp, Tartüff und Ödipus, Thoas, Prospero und Professor Unrat.
Am Schauspielhaus Hamburg gab er einen der aufregendsten Othel-
los der europäischen Theatergeschichte.*

> *Allein über den Begriff des Vorhangs
> könnte ein Philosoph alt werden*

Ulrich Wildgruber, sind Sie glücklich in diesem Beruf, in dem
Sie ja gewissermaßen öffentlich Unfug betreiben?

Im Augenblick spiele ich ausgesprochen gern. Ich weiß gar
nicht, woher das kommt, inmitten dieses Übermaßes an
Unlust, das von außen an einen herangetragen wird. Das ist
ja eine ansteckende Krankheit, wenn man nicht aufpaßt.

Man gilt geradezu als suspekt, wenn man nicht ein wenig
unglücklich ausschaut.

Es ist wunderbar, wenn man etwas tut und dabei nicht gleichzeitig über Alternativen grübeln muß, die einen erlösen könnten.

Das Theater, sagen die Theatermacher resigniert, sei ein Anachronismus.

Kunst ist immer ein Anachronismus. Das ist geradezu ihr Auftrag: sich dem in den Weg zu stellen, was sich mit dem Ausdruck der Unanfechtbarkeit als zeitgemäß gibt.

Sinnverlust wird beklagt: Die große Botschaft fehlt, das große
Ideal, der große Glaube daran, daß Theater überhaupt eine
Zukunft habe.

117

Wenn's scheinbar zu Ende ist, wird es wieder zwei Leute geben, die spielen auf der Straße, und diejenigen, die vorbeikommen, schauen zu. Das Bedürfnis danach, dem anderen etwas vorzumachen – daß dies verschwindet, kann ich mir nicht vorstellen. Ich spiele nun wirklich schon sehr lange Theater, und die Frage nach dem Sinn ist uralt. Sie stellt sich jeden Tag, nicht nur am Theater. Solange es Menschen gibt, die noch Menschen sind und es sein wollen, wird es Theater geben. Unter anderem, um öffentlich darüber nachzudenken, wann ein Mensch überhaupt beginnt, ein Mensch zu sein, und darüber, wann er aufhört, einer zu sein.

Nietzsche, aus dessen Werk Sie ja auch öffentlich lesen, sagt: Wer in die Kunst geht, flieht. Wovor fliehen Sie?

Man flieht vor etwas, das mag sein, aber man flieht vor allem zu etwas hin. Das zweite ist für mich der wichtigere Aspekt. Im Theaterspielen kann ich das, was mir im Leben etwas bedeutet, mit anderen Menschen teilen. Es ist doch eine große Gnade, Tschechow zu spielen oder Shakespeare oder Goethe. Leute, die sich einfach besser ausdrücken, als ich das je hätte tun können. Und das mitzuteilen, was man empfindet und was einem das Leben lebenswert machen kann, es durch so große Dichter zu vermitteln und andere mit deren Gedanken möglicherweise anzustecken – das gehört zu den wunderbaren Dingen, die mir mein Beruf jeden Abend neu eröffnet.

Aber gerade auch das Wort der Dichter geriet in Verruf; die Akrobatik, die Zertrümmerung, die Ironie beherrschen die Szene.

In den Aufführungen, in denen ich mitspielen kann, an der Seite großartiger Kollegen, findet anderes statt. Im übrigen: Zur Zeit der 68er fand ich die Situation viel schlimmer, da kamen alle weitaus herrschender herein und forderten uns sehr energisch auf, den blöden Dichterkram gefälligst wegzupacken. Derzeit empfinde ich, aus meiner Erfahrung heraus, wieder eine zaghafte oder fast sogar widerständische

Orientierung auf den Text. Als Reaktion auf den rasenden Stillstand dieser Zeit, die ja nur noch Schlagzeilen, kurze Hauptsätze und schnelle Werbesprüche kennt.

In einem Interview mit Peter von Becker im »Tagesspiegel« war über Ihre Anfänge zu lesen: »Berufen fühlte ich mich in keiner Weise«, es habe sogar gelegentlich über den »unberechenbaren« Wildgruber geheißen: »Das hat keinen Sinn, so einen Idioten auf die Bühne zu lassen.«

Millimeterweise habe ich mich in dem Beruf vorwärts bewegt. Gestützt hat mich ein früher Erfolg, Handkes »Kaspar«. Ich wußte gar nicht, wie lange einen so was halten kann. Zudem hatte ich das Glück, Regisseuren zu begegnen wie Stein, Palitzsch, vor allem Zadek. Aber plötzlich hagelte es Verrisse, und dieser Hagel wollte gar nicht mehr aufhören. Mir ging es wie dem armen Orest: Alles, was ich anfasse, ziehe ich mit ins Verderben. Ich bekam regelrecht Berufsverbot – denn welches Theater lädt sich so einen Menschen auf, der ständig auf Ablehnung stößt?

Und die Lösung?

Ich kaufte mir Stiefelchen, ein schwarzes Jackett – und ging auf Lesungen. Es kommt also in schwieriger Situation darauf an, daß man arbeitet. Punkt.

Ein Fernsehporträt zeigte Sie, zum Schluß, vor einem Bergmassiv bei Salzburg. Lieben Sie die Berge?

Ja, ich mag die Berge, das Meer, alles Gewaltige an der Natur. Wenn man wie ich aus Bielefeld kommt, ist das vielleicht verständlich.

Drückt diese Gewalt nieder, wie der Schritt hinein in einen Dom?

Nein, es erhebt, es steigert die Freude, so etwas Grandioses sehen und erleben zu dürfen. So ein Naturerlebnis schafft ein besonderes Gleichgewicht zwischen innerer und äußerer Welt.

Wie empfinden Sie das Älterwerden?

Nachlassende Vitalität ist lästig. Aber man verliert schließlich nicht nur Kraft, sondern auch Krampf.

Und eines Tages verliert man das Leben.

Wie sagt die Dichtung? Niemand preise sich glücklich vor seinem Tode. Er liefert uns alle Themen.

Wenn man Ihre Arbeitsbiographie verfolgt, so sind Sie in den letzten Jahren kein festes Theatermitglied gewesen. Demnach tangiert Sie auch nicht die Debatte über Ende oder Reformierung des Ensembletheaters?

Ich bin's zufrieden, von Zeit zu Zeit die Arbeitsbedingungen und -partner zu wechseln. Das Überstrapazieren von Nähe mag ich nicht. Man nimmt sich unter Umständen zu viele Probleme von anderen Leuten an. Das muß nicht sein.

Einer der wichtigen Regisseure Ihres Lebens – Sie erwähnten ihn bereits – ist Peter Zadek. Über ihn sagte Claus Peymann kürzlich im Fernsehen, er nutze die persönlichen Befindlichkeiten und gegenseitigen Empfindlichkeiten von Schauspielern aus und hetze sie mitunter sogar gegeneinander, freilich meist mit tiefer Auswirkung auf das künstlerische Ergebnis.
Ignaz Kirchner erzählt: »Zadek weiß um die Schwächen der Menschen und arbeitet mit diesen Schwächen. Wenn man sich da manchmal nicht schützt, ist man ausgeliefert und verloren. Für meine erste Rolle bei ihm zeigte er mir einen fetten Kölner Konditor auf einem Foto des berühmten Arbeiterfotografen August Sander. Der war doppelt so dick wie ich, und ich war damals schon Schwergewicht. Zadek sagte nur, das sei die Rolle, und sonst gar nichts. Den ganzen weiteren Tag brauchte ich, um das zu verarbeiten. Ich bin natürlich

sofort ausgestiegen, und wir haben lange nicht miteinander geredet.«

Da sind wir wieder bei meinen quälenden, schleppenden Anfängen: Ich hatte lange Zeit erhebliche Schwierigkeiten beim Spiel. Ich wußte zwar, was ich zeigen wollte, aber was ich zeige, war nur mein hochroter Kopf. Nichts gelang. Immer schob sich mir der Gedanke dazwischen: Das kann man doch nicht machen, so kann man doch nicht spielen. Kurz: Ich hatte Hemmungen. Peter Zadek war es, der mich ermutigte, sozusagen alles an Spielgier und Ausdruckswunsch aus mir herauszulassen. Das ist sein großes Talent: Er treibt die Schauspieler in eine erbarmungslose, risikovolle und zunächst einmal völlig formlose Offenheit. Ja, er bringt einem bei, nicht alles sofort in eine kontrollierbare Form gießen zu wollen. Mit dieser Nacktheit, in die man sich begibt, baut er seine Inszenierungen. Das ist eine Gratwanderung, sie schließt Verletzungen ein. Aber das Ergebnis wird meistens frappant.

Es entsteht genau beobachtetes Leben.

Ja, ein Leben sozusagen vor der Interpretation. Ohne intellektuelle Verschrobenheit und Künstlichkeit. So ähnlich ging es mir in der Literatur mit Gorki, aha, die Russen, dachte ich mir, denen gelingt es, für einfache Leute ebenso zu schreiben wie für Intellektuelle. Das war genau die Literatur, die ich für mich gesucht hatte, die mir entsprach. Es herrscht da ein so wunderbar großzügiges Mitgefühl, das es dem Autor ermöglicht, sich in total widersprüchliche menschliche Wesen hineinzubegeben. Dostojewski schildert zum Beispiel, wie Raskolnikow, unmittelbar bevor er seinen Mord begeht, plötzlich das Leben ganz anders wahrnimmt, jedes Blättchen, jeden Regentropfen sieht er. Mit dieser Akribie müßte man Theater spielen, eine Art Theater, bei der man nicht kalt beobachtet, sondern bei der man etwas für andere Menschen ausspielt – wodurch sie in das hineingezogen werden, was im Innersten einer Figur verborgen liegt.

Welche hauptsächliche Erinnerung haben Sie an Ihre Kindheit?

Ich war ein Einzelkind, meine Eltern hatten wenig Zeit. Vater besaß ein Schreib- und Tabakwaren-Geschäft, er war Buchbinder, aber auch Bauernsohn – von daher kam wohl dieser Drang nach eigener Scholle, das war in diesem Falle das Geschäft. Es ging aber nur mühsam, also band er abends noch Bücher und rahmte Bilder. Bei uns lag also haufenweise Literatur herum, so kam ich zu meiner Lieblingsbeschäftigung: dem Lesen. Ich hatte eine unbeobachtete Kindheit und lernte früh, mich mit mir selbst zu beschäftigen.

Von den Dingen, die in einem Leben unerledigt bleiben müssen – was schmerzt Sie bisher am meisten?

Mich schmerzt, daß ich keine ausgeprägte schriftstellerische Begabung habe.

Was wäre gewesen, wenn Sie nicht Schauspieler geworden wären?

Wäre das Theater nicht gewesen, hätte ich mich wahrscheinlich auf andere Weise zum Zustand der Welt geäußert. Vielleicht hätte das schlimme Folgen für mich gehabt. Ich fürchte, anarchische Militanz.

Wie sehen Sie denn den Zustand der Welt?

Ich bin traurig und entsetzt. Beides bleibt generell nicht aus, wenn man lebt. Aber man sitzt einigermaßen komfortabel hier – und woanders gehen die Menschen zugrunde. Wenn man die Nachrichten täglich wirklich ernstnähme, würde man krank werden. Wie behalte ich meine Lebenslust, wenn draußen einer in Armut stirbt?
   Mein Beruf ist es ja auch, Dinge zu beobachten und zu versuchen, sie zu verstehen. Aber es nehmen jene Dinge zu, die ich nicht verstehe. Es bleibt Hilflosigkeit, weil man so wenig machen kann außer der wachen Wahrnehmung. Wie

kommt man weg von der verfluchten Egomanie? Das ist die Frage.

Sind Sie enttäuscht von der Geschichtskraft Mensch?

Nein, woher sollte ich das Recht nehmen, von anderen enttäuscht zu sein! Dazu ist mein eigenes Leben doch viel zu unbedeutend. Geschichtskraft? Die meisten Menschen sind mit Überleben beschäftigt, mit dem Zurechtkommen in ungeordneten, unübersichtlichen Verhältnissen. Bei Klaus Michael Grübers Inszenierung »Bleiche Mutter, zarte Schwester« in Weimar lernte ich vor vier Jahren Jorge Semprun kennen. Er hat unter den Faschisten gelitten, er kämpfte im Untergrund, er war Kommunist, verließ die Partei, blieb sich in seinem Leben stets treu. Was für Erfahrungen und was für ein Mensch: so hartnäckig widerborstig wie versöhnungsfähig! Vor so einem Mann kann man nur stehen und schweigen, und man weiß plötzlich von sich selbst: Du hast ja kaum was erlebt.

JOHANNA SCHALL
über schlechtes Gewissen und die Qualität von Verwirrung.
1998

Johanna Schall, geboren 1958, ist Schauspielerin und Regisseurin.
Sie spielte und inszenierte am Deutschen Theater Berlin, derzeit ist
sie dort die Polly in Alexander Langs »Dreigroschenoper«. Regiear-
beiten in Bremen und Leipzig.

Wenn wir nur einen Weg sehen
ist es auch immer nur eine Sackgasse

Johanna Schall, in der DDR traf Theater auf geschärfte Publi-
kumssinne. Jedes Wort wurde gleichsam richtiger verstanden,
als es ausgesprochen worden war. Nunmehr muß sich Kunst
mit der Beliebigkeit ihrer Wirkung auseinandersetzen. Wünschen Sie sich manchmal jene Zeit zurück, da es noch zur
spannenden List geriet, Wahrheit zu verbreiten?

Nein, die Zeit will ich nicht wiederhaben. Sicher, dem Theater wird momentan wenig Interesse entgegengebracht, und
leere Theater sind etwas sehr, sehr Trauriges.

Diktaturen sind besonders kunstförderlich, weil sie Kommu-
nikation verhindern und diese dadurch zugleich zu Kunst
erheben.

In der Hinsicht war die DDR ein Luxusleben auch für Schauspieler, klar. Und wir haben diesen Luxus genossen. Aber das
ist vorbei. Wir haben nun Jahre Zeit gehabt, die neuen Codie-
rungen kennenzulernen. Obwohl Jammern zum Menschen
gehört wie die Füße, und ich jammere auch oft – aber am
Jammern über diese Verluste möchte ich mich nicht beteiligen.

Weil Sie auch den Gewinn mitdenken?

Ja, diese unangenehme Erstarrung ist vorbei: eine ätzend

gleichbleibende Grundsituation, immer der verflucht ver-
läßliche Fahrplan. An der Scheu vor Veränderungen spüre
ich noch heute, wie tief verinnerlicht ich diese Grundein-
stellung habe: Alles bleibt, wie es ist, und dann noch denken,
das habe schon irgendwie seinen Sinn.

Kunst darf wieder Kunst sein, so wie die Friedenstaube – wie
es bei Handke heißt – nicht mehr Symbol sein muß, sondern
nur wieder Tier sein darf.

Ist doch aber auch schade, oder?

Wie gehen Sie mit kraß herrschender Kunstunfreundlichkeit
um?

Es ist keine kunstfreundliche Zeit, ja, aber die Künstler sind
der Zeit auch nicht gerade gut gesonnen: Sie reagieren ein-
geschnappt, entziehen sich dem Publikum. Aus der Hilflosigkeit heraus, wie erzähle ich eine Geschichte und welche
Geschichte soll es überhaupt sein, wird man aufklärerisch
aggressiv und zieht den Leuten was über den Scheitel. Ich
mag Theater nicht, das sich als Strafakt gegen diejenigen auf-
spielt, die es sehen wollen. Nur irgendwas zertrümmern ist
noch keine Qualität. Das macht jedes Kind mit der Unter-
tasse, wenn der Vater den Hammer in der Küche liegenläßt.

Vielleicht schämen sich Theaterleute, weil sie so hochsub-
ventioniert arbeiten können?

Ja, und dann verlassen einige die Bühne, um ihr schlechtes
Gewissen gegenüber den sozial Benachteiligten zu demon-
strieren. So eine Instrumentalisierung von Theater möchte
ich nicht. Ein schlechtes Gewissen macht noch keine gute
Kunst.

Publikumsbeschimpfung lehnen Sie ab.

Dazu bin ich nicht in der Lage. Wahrscheinlich, weil ich eine
große Schwäche habe: Ich möchte geliebt werden. Zwar bin

ich nicht bereit, mir Pomade ins Gesicht zu schmieren, aber die Zuschauer sollen sich mit meiner Arbeit vergnügen und mich verstehen können. Auch wenn sie nicht einverstanden sind.

Worauf sind überhaupt Ihre Motive zurückzuführen, Theater zu machen?

Nur auf mich selbst. Meine Motive haben ausschließlich mit meinem Lebensgefühl, mit meinem Lebensvermögen, mit meiner Wut zu tun. Leider habe ich kein Talent zu was anderem. Malen würde ich gern können. Aber Theater hat den Vorteil, gesellig zu sein, das mag ich. Als ich damit anfing, wollte ich sozusagen nur Quatsch machen. Sich selber was vormachen, ist ja eine der menschlichsten Übungen. Mit den Jahren kam zu dieser kindlichen Sehnsucht nach dem Clown-Sein noch etwas dazu; vielleicht kann man's als Formwillen bezeichnen.

Keine Botschaft?

Wenn ich eine Botschaft hätte, würde ich zur Post gehen. Nein, es muß einzig und allein zwingend sein, eine Geschichte zu erzählen. Und die muß eine eigene Wahrhaftigkeit haben. Das ist übrigens der große Verlust, an dem besonders das Fernsehen erfolgreich arbeitet: Es sendet fast nur noch Standards von Spielen, die aber ohne wirkliche Geschichten funktionieren, frei von realer Welt.

Wenn Sie sagen, Theater habe mit Ihrem Lebensgefühl zu tun, so wird das, was Sie erzählen wollen, doch stets durchs Mittun anderer Menschen gebrochen. Das kann die eigene Idee beschädigen.

Das sehe ich anders: Schauspieler erfinden Dinge, auf die würde ich allein nicht kommen. Es ist doch gut, wenn zum Eigenen was Fremdes dazukommt.

Ich möchte noch bei Lebensgefühl und -vermögen bleiben:

Am Deutschen Theater inszenierten Sie ein frühes Stück Ihres Großvaters, Brechts »Im Dickicht der Städte«. Was hat das mit Ihnen zu tun?

In dem Stück steckt ein tiefes Gefühl von Zorn – über Zustände, die man nicht wirklich beeinflussen kann. Zugleich hat es etwas pubertär Unbekümmertes, maßlos Freches, eine verführerische, geradezu beruhigende Gewalttätigkeit. Ganz nah dran an mir. Und es ist eine große Liebesgeschichte, die zeigt, daß Liebe, dieses abgehobenste aller Gefühle, doch immer an die Zeit gefesselt bleibt.

Was heißt: geradezu beruhigende Gewalttätigkeit?

Beruhigend, weil ich mich getröstet fühle, daß es einem Autor genau so wie mir geht: Auch ich habe ein Bedürfnis nach Ordnung, das aber nicht befriedigt wird. Man will den Überblick über die Welt, aber der ist nicht zu kriegen. Alles ist wüst und dunkel.

Aber zugleich seltsam poetisch.

Ja, die Verwirrung hat eine Qualität, die von Brecht ganz unverschämt behauptet wird. Diese Unverschämtheit hätte ich gern immer im Umgang mit Theater. Die Anerkennung des Chaos bedeutet freilich nicht, sich mit Ungerechtigkeit abzufinden.

Unverschämtheit im Umgang mit Theater – auch mit Welt?

Ja, aber man traut sich ja meist nicht. Es fällt einem so schwer zuzugeben, daß die Welt unbegreiflich ist. Sie ist aber unbegreiflich und chaotisch: Man verliebt sich immer zu unpassenden Zeiten in die unpassenden Leute – so schön unlogisch ist Leben.

Sie haben Schwierigkeiten mit Stücken, die Ihnen Gewißheiten vorgaukeln?

Mit dem, was ich am Theater mache, möchte ich mißtrauisch bleiben. Gegen Leute etwa, die denken, sie könnten die Welt und den Menschen erklären. Die also eine Moral oder eine Theorie hinwuchten und alle anderen vor allem danach beurteilen, ob sie genauso »richtig« leben.

Hatten Sie diese Fähigkeit zum Mißtrauen schon immer?

Nein, ich war anfällig fürs Dogma, also auch für Blödheit und Feigheit. Deshalb bin ich sehr skeptisch, wenn ich auf eine feste Meinung stoße. Skeptisch sozusagen aus Gründen des Selbstschutzes. Ich kenne mich, ich kann mich reinsteigern in die angenehme Situation, nicht immer selber denken zu müssen. Und ich merke doch als Mensch aus der DDR, wie schwer es ist, sich endgültig von naivem Fortschrittsglauben zu verabschieden. Aber man muß die Gefährdungen und Verunsicherungen aushalten, die sich nämlich dann einstellen, wenn man feststellt und anerkennt: Es gibt neben der eigenen auch noch -zig andere mögliche Wahrheiten.

Man muß also Abschied von Illusionen nehmen?

Nein, von Ideologien und Rezepten. Mit den Illusionen ist es noch etwas anders. Ich habe jede Menge Illusionen, und ich will vielleicht gar nicht wissen, daß es welche sind. Ich hoffe immer, Erfahrung macht nicht alles zu schnell kaputt.

Hat der Herbst 1989 etwas zerstört, etwas von der Hoffnung in die geschichtsbildende Kraft von Menschen?

Sie meinen den kollektiven Schritt in den Westen? Nein, da bin ich nicht enttäuscht. Vielleicht bin ich erschrockener.

Über die Menschen?

Über mich, nicht über die anderen. Ich bin erschrocken über meine damalige Unfähigkeit vorauszudenken, sowohl vor als auch nach der Wende. Ist ja nicht zu fassen, wie abgehoben und idealistisch ich dachte. Am 4. November auf dem Alex verlas Heiner Müller einen Text über freie Gewerkschaften. Es ging um die Verschärfung des Widerspruchs von Kapital und Arbeit – darüber dachte ich in meiner Euphorie doch überhaupt nicht nach! So klug wie Müller wäre ich gern gewesen. Aber diese Fähigkeit, ganz praktisch und unbestechlich den Kern zu denken, die habe ich nicht. Deshalb bin ich unfähig für Politik.

Politiker haben die von Ihnen beschriebene Fähigkeit auch nicht.

Aber ich weiß wenigstens, was mir fehlt.

Müllers Klugheit war sein kalter Blick. So ein Blick hat seinen Preis.

Auch die Verdrängungen und Abwiegelungen haben ihren Preis. Vielleicht ist der sogar höher.

Die Fragen nach dem Herbst 1989 werden deshalb oft gestellt, weil Sie ja, wie überhaupt die Mitglieder des Deutschen Theaters, zu den politischen Wegbereitern der Demonstration am 4. November gehörten.

So politisch engagiert waren wir doch gar nicht. Es handelte sich um Organisation. Daß wir die so gut hinkriegten, halte ich allerdings noch heute für eine Leistung. Aber da hat sich ein Mythos entwickelt vom extremen Mut der Künstler – als hätten wir die Wende eingeleitet. Nein, wir haben in einer ziemlich geschützten Situation gehandelt, aber da wir in jeder Vorstellung der Stimmung der Leute ausgesetzt waren, hat sich so ein Gefühl entwickelt, jetzt ein paar Dinge in die Hand nehmen zu müssen.

Glauben Sie an die bessere Gesellschaft?

Da ist noch ein Traum von lebbarer Anarchie, ja. Und klar, ich hoffe auf den Kommunismus – wenn man ihn als Bild für ein gerechtes Miteinander nimmt. Auch ein Traum also.

Ohne diesen Traum möchte ich nicht auskommen müssen. Was nicht heißt, daß ich unbedingt an seine Realisierung glaube. Es findet sich ja offenbar kein Volk, das ihn verwirklichen will.

Gerechtes Miteinander, sagen Sie. Wie ist Gerechtigkeit herstellbar?

Sie hat für mich viel mit Liebe zu den Leuten zu tun, weniger mit dem Durchsetzen von Gesetzmäßigkeiten. Sehr sentimental, ich weiß.

Es gibt ein Interview mit der Theaterwissenschaftlerin Renate Ullrich, in dem Sie genau das, was Sie eben andeuteten, sehr einleuchtend erklären. Sie erzählen da von einem befreiten KZ-Häftling, der im LKW nach Weimar fährt. Am Straßenrand stehen die Leute und gucken.»Und da dachte er: Das sind alles meine Feinde. Verständlich! Später war er Funktionär. Aus dieser Haltung heraus, könnte ich mir vorstellen, haben sie angefangen, das Land zu bauen. Mit Gerechtigkeitsidealen, aber ohne Zuneigung zu den Leuten, mit denen sie es machen wollten. Im Augenblick, da man meint, daß man es besser weiß als die Leute, mit denen oder für die man es tun will, hat sich die Sache schon erledigt.«

Ja. So ist die Erfahrung.

Denken Sie manchmal über den eigenen Tod nach? Wenn ja, wie?

Ich habe keine Lust zu sterben, aber ich beschäftige mich um die 40mal am Tag mit dem Tod: So viele Zigaretten rauche ich mitunter. Man ist doch unentwegt mit Sterben beschäftigt. Auch unser Gespräch ist Sterben, denn nicht die Zeit vergeht, wir vergehen.

Was, Johanna Schall, ist am Theaterleben das Gefährlichste?

Daß man es mit der Welt verwechselt. Ich habe Familie, das

schafft Balance. Wenn ich Theater ernster nähme als die Welt, wäre es um mich geschehen. Wenn man Kunst fürs Leben hält, fällt einem nichts mehr ein.

Noch einmal Dickicht der Städte: Mögen Sie Natur?

Ich bin ein Stadtmensch. Wenn man mich in die Natur hineinsetzt, finde ich sie schön. Aber extra hinfahren?

MARTIN WUTTKE
über glühendes Theater und den Sprung auf einen
Kneipentisch. 1995

*Martin Wuttke, geboren 1962 in Gelsenkirchen, ist Schauspieler am
Berliner Ensemble. 1996/97 war er, nach dem Tod Heiner Müllers,
Intendant des Theaters.*

*Kunst
eine Zwangsvorstellung*

Martin Wuttke, in Tschechows »Möwe« sagt die junge Nina:
»Für das Glück, eine große Schauspielerin zu sein, gäb ich
alles hin.«

Könnte ich von mir nicht sagen. Mein bisheriges Leben
besteht aus viel Zufälligkeit und wenig Ehrgeiz. Gut, irgendwo
in der Mitte rumschwappen, das möchte ich nicht. Aber ich
käme auch ohne Bühne aus.

Ehrlich?

Vielleicht braucht man das Gefühl, sofort was anderes
machen und morgen verschwinden zu können, um es überhaupt am Theater auszuhalten.

Aber der Erfolg vom »Ui« tut doch verflucht gut, oder?

Trotzdem wünschte ich mir schnell die nächste Arbeit, um
die Rolle loszuwerden. Man kriegt eines Tages Dinge nicht
mehr los und verliert die Kraft. Was man erarbeitet hat, verfolgt einen und legt sich einem auf den Körper wie eine einen-
gende Folie. Das ist die Gefahr.

Wie würden Sie das Theater definieren, dem Sie sich verschreiben könnten?

Ich hatte immer Angst, ein Darstellungsbeamter zu werden.

132

Das schöne, klangvolle Sprechen als Schutz gegen die Welt draußen, dieses Gedämpfte am Theater, das hat mich oft irritiert. Es hatte wenig zu tun mit dem, was ich dachte und fühlte. Durch die Zusammenarbeit mit Einar Schleef und Robert Wilson lernte ich, aus Brechungen heraus zu arbeiten, mit Aufrauhungen. Irgendeine Wucht sollte Theater schon haben, irgendwas Rotglühendes gegen diesen gemütlichen Realismus, den es ja zuhauf gibt. Es ist doch etwas Wahnsinniges, was in dieser Verbindung von einem Text und einem Körper liegen kann. Theater ist ein Körperwagnis. In den achtziger Jahren spielte sich die Theaterkunst der Bundesrepublik unter einer Käseglocke ab; es ging darum, die Dinge attraktiver als ein anderer zu inszenieren, die Inhalte gingen verloren. Plötzlich lernte ich eine Arbeitsweise kennen, in der alles in Rutschen kam. So was empfinde ich als Fortschritt.

Die »mythische Handlung, einen Körper zu machen« – diesen Ausdruck von Artaud benutzen Sie gern zur Kennzeichnung Ihrer Arbeit. Eben sprachen Sie vom Körperwagnis.

Der Körper ist ein sehr verletzliches Material, und du kommst meistens erst sehr spät darauf, daß er auch der Sitz von Kraft und Tollheit ist. Auf den Proben muß man geradezu schlecht sein wollen, man wirft seinen Körper, seine ganze Kreatur in etwas Unbekanntes hinein, man gibt sich irgendwie preis, vor anderen Augen – das ist schmerzhaft, immer wieder. Irgendwann beginnt der Glaube, man könne etwas. Erst von diesem Punkt an beginnt das wirkliche Spielen. Wer nicht Schauspieler ist, der kann sich das so klarmachen: Man gehe in eine vollbesetzte Kneipe, steige auf einen der Tische und rufe ganz laut: Alle mal herhören! Die Sekunde danach, die sehr feindseligen Blicke ringsherum und das Erschrecken darüber, was man da für eine Situation ausgelöst hat – so fühle ich mich manchmal im Theater.

In Bochum hat Sie einst Peter Zadek mächtig fasziniert. Am Berliner Ensemble kreuzten sich Ihre Wege wieder. Zadek hat das Berliner Ensemble wieder verlassen, enttäuscht, ja regelrecht angewidert und entsetzt. Ein Narziß?

Vielleicht hat Peter Zadek diesen Ort Berlin nie richtig begriffen, und die Stadt hat auch ihn nicht begriffen. Das Theater, das er macht, fand hier nicht seinen Ort. Es wirkte befremdlich in dieser unfertigen Umgebung, auch in seiner Qualität. Man kann Qualität nicht verpflanzen. Und dazu Stars, die in Wien in den Flieger steigen, in Tegel landen, am Berliner Ensemble spielen und dann wieder zurückfliegen nach Wien – das funktionierte vielleicht gestern, das funktioniert vielleicht auch morgen wieder, aber in diesem Berlin von heute, in diesem Krater-Berlin, geht es nicht.

Glauben Sie ans Ensemble-Theater?

Impulse und neue Formulierungen werden von Truppen kommen, die lange miteinander arbeiten. Zersplitterung und Vereinzelung bewirken nichts. Stars sorgen für die Politur, aber authentischer Ausdruck kommt aus Ensembles.

Von Ensembles in subventionierten Theatern?

Theater werden doch aus einem ganz bestimmten Grund subventioniert: Der Auftrag besteht nicht darin, volle Häuser zu haben, sondern Konflikte zu formulieren, deren Behandlung nicht besonders attraktiv ist. Durch Subvention erhält Theater die Chance, problematisch sein zu dürfen, Konventionen aufzubrechen. Es soll nicht nur Risse zeigen, sondern Risse produzieren. Leistet sich die Gesellschaft das nicht mehr, schneidet sie etwas ab, das sich als Lebensnerv erweisen kann.

Ihr erster Intendant war Adolf Dresen, er kam aus der DDR, er holte Sie ans Theater, beim »Hamlet« arbeiteten Sie mit Jürgen Holtz zusammen, der kam gerade aus Berlin, und auch Einar Schleef war DDR-Bürger. Wie sehen Sie die Unterschiede zwischen Ost- und West-Schauspielern?

An diesen Vergleichen beteilige ich mich ungern, weil sie geradezu sportiv betrieben werden, um politische Klischees zu bestätigen. Wirkliche Analyse findet nicht statt. Ich habe Ekkehard Schall in »Fatzer« gesehen: ein monolithischer

Block, über vierzig Verse lang ein einziger Ausdruck. Ja, Ausdruck statt Virtuosität – das kann nur einer, der in der DDR arbeitete! Viel von diesem Ausdruck wanderte in den Westen, weichte dort auf, verwässerte; da wird eine Unmenge nur aus dem Bauch und den gebrochenen Herzen geholt, und nun finde ich auch im Osten nur noch wenig von dem, was ich am Beispiel Schall zu beschreiben versuchte. Der Ausdruck nimmt ab, die Gebrochenheiten nehmen zu.

Schlußszene »Ui«. Sie reißen den Arm zum Hitlergruß hoch. Es wirkt wie eine Anstiftung. Anschließend eine Kußhand ins Publikum – wie ein Dank dafür, daß der Gruß nicht erwidert wurde. Glauben Sie denn tatsächlich, auch nur ein einziger würde sich zum Heben des rechten Armes verführen lassen?

Nein. Aber ich gucke trotzdem, ob es nicht irgendwo zuckt.

ERWIN GESCHONNECK
über Götterliebe, Gauklerei mit Kompaß und Brechts Brüllerei. 1997

Erwin Geschonneck, geboren 1906, hat deutsche Theater- und Film-geschichte geschrieben. Filme: »Sonnensucher«, »Fünf Patronenhül-sen«, »Karbid und Sauerampfer«, »Nackt unter Wölfen«, »Das Beil von Wandsbek«, »Ein Lord vom Alexanderplatz«, »Jakob der Lüg-ner«, »Bankett für Achilles«, im Fernsehen »Gewissen in Aufruhr« und »Jeder stirbt für sich allein«.
»Karriere« eines Arme-Leute-Kindes: Hilfstischler, Maschinenarbei-ter, Hausdiener, Arbeitsloser, KZ-Häftling – in Dachau, Sachsen-hausen und Neuengamme. Im Mai 1945 gehört er zu den wenigen von 4000 Häftlingen, die einen Bombenangriff der Alliierten auf das Schiff »Kap Arcona« überleben.

Von unten herauf
ist es immer die größte Schwierigkeit

Erwin Geschonneck, Unfugladen Theater: Sie haben eine CD herausgegeben – »Gaukler mit Kompaß.« Was ist das, ein Gaukler?

Ach. Einer, der es gern sieht, wenn die Menschen ein frohes, freundliches Gesicht haben. Und deshalb will er mit kleinen Kunststückchen dazu beitragen, daß die Leute Staunen und Spielen nicht verlernen, daß sie ein klein wenig an Wunder glauben. Und sei es nur im Zirkus, im Theater oder im Kino.

Nun sind Sie nicht schlechthin Gaukler, sondern auch noch einer mit Kompaß?

Die Produzenten wollten, daß im Titel steht: ohne Kompaß. Das schien ihnen zeitgemäßer. Orientierungslosigkeit ist ja jetzt modern. Aber mein Leben hatte immer einen Kompaß. Und dabei bleibt es.

Sagt Kommunist Geschonneck.

136

Es gelingt mir halt nicht, die Weltanschauung wie ein Hemd zu wechseln. Ich sehe auch keinen Grund dafür.

Aber Orientierungslosigkeit ist ja nicht bloß modern – sie ist ein Reflex auf den Zustand der Welt. Wer weiß wirklich noch, wie es weitergeht?

Ich weiß auch nicht, wie es weitergeht. Aber einige sagen, es gäbe keine Utopie mehr. Wieso denn das? Die Utopie von einer gerechten Gesellschaft für arbeitende Menschen ist noch nicht erfüllt. Ich kann also nicht sagen, die Utopie sei weg. Ich lasse mir von der Klugheit erschöpfter Leute nicht die Lust verderben, an eine bessere Welt zu glauben.

Bereuen Sie etwas in Ihrem Leben?

Nein. Ich hatte die richtigen Feinde, und ich hatte die richtigen Freunde. Ich wurde von den Nazis mit Recht eingesperrt.

Sie wurden Filmschauspieler, obwohl Sie nach dem Krieg eine vielversprechende Theaterkarriere begonnen hatten.

Meine schönste Zeit waren die fünf Jahre bei Brecht am Berliner Ensemble. Ich hatte einen Vorvertrag am Deutschen Theater und sollte dort den Mephisto spielen. Willy A. Kleinau arbeitete bei Brecht und war für den Puntila vorgesehen. Aber Brecht kam mit der naturalistischen Spielweise Kleinaus nicht zurecht. Daraufhin sprach die Weigel mich an. Aber wie sollte ich ans Berliner Ensemble kommen, wenn ich doch bei Wolfgang Langhoff ans Deutsche Theater gebunden war? »Ach, Buberl«, sagte die Weigel nur – und dann tauschten wir einfach die Verträge, Kleinau ging ans DT, ich ans Berliner Ensemble.

Den Puntila spielte der große Leonhard Steckel, Sie waren sein Knecht Matti.

Ja. Und Steckel wurde sauer! Er sagte eines Tages, er könne

nicht mit mir spielen, weil ich in einer für ihn wichtigen Szene stur weggucke. Ich muß ein Auge haben, rief Steckel, ein Auge, auf das ich schauen kann. Aber ein Auge hat dieser Puntila von mir als Matti nie gekriegt. Der Steckel begriff mein soziales Verhalten in der Rolle nicht. Brecht gab mir übrigens recht.

Die Premiere war ein riesiger Erfolg.

Es war mein Durchbruch in Berlin. Trotzdem ärgerte ich mich. Es kam nämlich einer von der Partei oder vom Kulturministerium und schenkte dem Steckel die neueste DDR-Fotokamera. So ging man westlichen Künstlern um den Bart. Ich muß wohl ziemlich verdattert geguckt haben. Da sagte dieser Funktionär zu mir: Naja, Genosse, du bleibst doch ohnehin bei uns. Wie finden Sie denn das? Als ob meine Arbeit nicht ebenso viel wert gewesen wäre! Dieses schmeichelnde, taktierende Verhalten gegenüber Leuten, mit denen man ein wenig angeben wollte, zog sich durch unsere gesamte Kulturpolitik.

Warum nun sind Sie weg vom Theater?

Theater fand ich auf den Proben am interessantesten, dort, wo etwas entsteht. Mit den Repertoirevorstellungen hatte ich meine Schwierigkeiten. Da glitt der Beruf des Schauspielers für mich in ewige Wiederholungen ab. Außerdem fand ich: Der Abstand zum Publikum, etwa zu den Leuten im Rang, zwingt im Theater zu einer Künstlichkeit, die meinem Wesen immer fremder wurde.

Ihr Wesen – also auch der Drang zu größerer Popularität?

Ja, natürlich, die Popularität reizte mich sehr. Sie ist ein Urtrieb des Berufes.

Es gibt ja diese schöne Geschichte, wie der Brecht um Sie gekämpft hat.

Er wollte mich wirklich nicht gehen lassen. Erst schrieb mir Brecht einen Brief, der stimmte mich nochmal um. Ich machte weiter meine Theaterarbeit und filmte nachts. Als ich vom Künstlerischen Betriebsbüro mal die Erlaubnis bekommen hatte, nach nächtlichen Dreharbeiten am kommenden Tag zu Hause bleiben zu dürfen, stand plötzlich Brechts Fahrer vor der Tür. Brecht sei wütend, ich solle sofort zur Probe kommen. Ich erwiderte, ich sei auch wütend, weil er mich geweckt habe, und machte die Tür wieder zu. Kaum war ich eingeschlafen, stand der Mann erneut vor meiner Wohnung. Brecht habe gebrüllt, wenn ich nicht zur Probe käme, sei ich entlassen.

Ich ging nicht ins Theater! Am nächsten Tag schnitt mich Brecht, indem er, mir entgegenkommend, plötzlich einen Bogen um mich machte. In solchen Situationen konnte man beobachten, daß der große Theatermann ein schlechter Schauspieler war.

Und dann hat er Sie in seine Wohnung bestellt?

Ich hatte mich inzwischen endgültig entschieden, zum Film zu gehen. Wir redeten und redeten, plötzlich schrie er mich an. Ich warnte ihn. Ich sagte: Brecht, seien Sie vorsichtig, ich habe als Schauspieler das Stützen gelernt, als die Voraussetzung, um auf der Bühne laut zu werden. Ich kann lauter brüllen als Sie. Das schüchterte ihn für ein paar Minuten ein. Dann brüllte er wieder. Ich schrie so zurück, daß er blaß wurde. Jahrelang hatte ich mich von der SS anschreien lassen und mir geschworen, daß ich mir so was nie wieder gefallen lassen würde. Auch von Brecht nicht.

Sind Sie ein schwieriger Mensch?

Würde ich nicht sagen. Wichtige Jahre in meinem Leben waren auch gar nicht angetan, daß sich Extravaganzen austoben. Ich esse alles, bin umgänglich, nur eben in Kunstfragen, da habe ich meinen eigenen Kopf, ja. Da muß Disziplin sein, Kunst ist nämlich Arbeit.

Sie waren ein Star der DEFA, aber in einem Film im Westen sah man Sie nie.

Fernsehchef Adameck sagte immer: Das geht nicht, Erwin, wenn du im Westen zu sehen bist, dann denken die Leute, du seiest abgehauen.

Sie haben aber mal gesagt, es hätte Sie geärgert, nie in eine Parteileitung gewählt worden zu sein. Stimmt das?

Stimmt. Das hat mich gekränkt. Wenn man Jahrzehnte lang bei der DEFA und im Fernsehen ist, Hauptrollen spielt, sich sein ganzes Leben politisch engagiert, aber nicht mal in der kleinsten Parteileitung ist, dann muß ja was da sein, was die Genossen stört.

Was denn wohl?

Was soll ich darüber noch nachdenken! Listig bin ich und mißtrauisch, zugleich aber gläubig in einem sehr unkatholischen Sinn. Also irgendwas hat leitende Genossen immer an mir gestört, und wahrscheinlich war's gut so.

Herr Geschonneck, wissen Sie Ihre Dachauer Häftlingsnummer noch?

Ja. 1888. Ich hatte in jedem Lager eine andere Nummer.

Auch wenn Unzähliges darüber geschrieben wurde, immer bleibt diese Frage: Wie überlebt man so eine Hölle? Diese Frage auch angesichts einer Zeit, in der viele Menschen Hoffnung verlieren. Sie, Geschonneck, haben weit Schlimmeres erlebt.

Ja, wie überlebt man? Keiner kann diese Frage eindeutig beantworten. Es ist ja nicht immer nur der eigene Wille, der über ein Leben bestimmt. Im KZ behielt man seinen Haß, aber im Kopf mußte alles klar bleiben, der Kopf mußte begreifen: Du bist nunmal eingesperrt, bist also, ob du willst oder nicht, Teil dieses Systems, und du mußt dich an die Regeln halten. Alle müssen sich an die Regeln halten.

Welche Regeln?

So ein Konzentrationslager hatte ja Strukturen, es mußte, so furchtbar das klingt, in Ordnung gehalten werden, man hatte also stramm zu stehen beim Appell, und die Meldungen mußten exakt sein: soundsoviel angetreten, soundsoviel krank. Wer eine Funktion in den Blöcken kriegte, der hatte Verantwortung dafür, daß dieser allgegenwärtige tödliche Druck durch die SS gemildert wurde. Es gab in den ersten Jahren Regeln für den Bettenbau, dafür, wie die Handtücher hängen und wie das Eßgeschirr aufzubewahren ist. Bei Kontrollen durch die SS mußte man immer Angst haben, daß die eine Unkorrektheit entdecken. Ein unabgewaschenes Geschirr konnte viele Menschen in Gefahr bringen. Also hielt ich, etwa als Blockältester, die Kameraden zur Ordnung an. Das war das Schwierigste: sich anzupassen und trotzdem anständig zu bleiben.

In einem Rundfunkinterview mit dem Dokumentaristen Thomas Heise schildern Sie das Beispiel eines jungen Kommunisten, der zum hemmungslosen Treter gegen die eigenen Genossen wurde.

Ja, das war in einem Interview, das 1987 gemacht und dessen Sendung verboten wurde. Der junge Kommunist hatte eben nicht die Kraft, anständig zu bleiben. Der wurde zum regelrechten Schläger gegen die Häftlinge. Der wußte auch, Überleben geht nur mit Ordnung und Disziplin. Aber es ging mit ihm durch.

Es gab Kameraden, die hatten alle Hoffnung verloren, die prügelten andere, die wollten sich hochdienen bei den Nazis, die glaubten nicht, daß sie es anders überleben könnten. Aber ich richte nicht, das alles kann nur verstehen, wer das mitgemacht hat. Hattest du eine Funktion, wurdest du von den Häftlingen freundlich behandelt. Die wußten, auch ein Blockältester kann über Tod und Leben entscheiden. Es bilden sich schnell Hierarchien und bestimmte Haltungen, wenn es ein Oben und Unten gibt.

Drehten Sie auch mal durch?

In Sachsenhausen stand ich, im Winter, bei einem Appell und schrie plötzlich: »Nieder mit dem Faschismus! Es lebe die Kommunistische Partei Deutschlands!« Ich war völlig mit den Nerven runter. Ich habe nur überlebt, weil mir ein Kamerad so blitzartig ins Gesicht schlug, daß ich bewußtlos zu Boden ging. Zu den SS-Leuten, die natürlich angerannt kamen, sagten Mithäftlinge, ich sei ein kaputter Bibelforscher, der wieder mal nach Jehova gerufen habe. Man müsse sich nicht um mich kümmern, ich würde es sowieso nicht mehr lange machen.

In Dachau wurden Sie eines Tages zum Registrator für die Liquidierung sowjetischer Kommissare.

Das ist so ein Beleg für diese Schizophrenie: durchhalten zu müssen mit Anpassung. Das Russenlager war neben dem eigentlichen Lager, und ich, als Blockältester und Lagerschreiber, mußte rüber und registrieren, wie viele Russen noch da sind. Die wurden nämlich alle erschossen, aber gleichsam verzögert, das Todesurteil hieß: langsames Sterben. Jeden Tag wieder einer oder zwei weg. Ganz langsam. Das war die Rache der SS an den Russen, denn die waren ja die tapfersten Widerstandskämpfer. Ich mußte nun exakt aufschreiben, wie der jeweilige Stand war. Bis ich eines Tages merkte, die hatten einen einzigen Russen vergessen.

Sie sprachen mit dem Mann?

Ja, in russisch. Wenig später kreuzte ein SS-Mann auf, ich glaube, es war ein Scharführer, und der gab dem Russen eine Benzinspritze. Ich sehe ihn noch vor mir. Schrecklich war das, und es bleibt unvorstellbar: wie der Mann dasitzt mit seiner Todesangst und trotzdem auf andere Art so gefaßt ist. Und wie ich dann danebensitze und sehe, wie er die Spritze kriegt.

Denkt man in so einer Lage, daß man mit der Situation nicht leben kann?

Ich bin durch Zufall zu dem geworden, der diese Morde an den Russen registrieren mußte. Zunächst denkt man, daß man damit nicht leben kann. Aber dann stellt der Mensch fest: Man kann mit dem Schlimmsten leben. Vieles war ja eine Sache des Zufalls, vor allem das Überleben. Deshalb galt als oberste Regel: bloß nicht auffallen. Unauffälligkeit vergrößerte die Chance, zu überleben.

Bloß nicht auffallen – das ist wahrscheinlich so eine Grundregel menschlichen Verhaltens?

Nein! Da bin ich aber ganz anderer Meinung! Mir hat dieser Satz, wenn ich ihn später hörte, immer einen Stich versetzt. Mit dieser Devise haben wir das größte Grauen dieses Jahrhunderts überlebt, und dann hörst du ihn von Leuten, die nur zu bequem sind, sich an der Entwicklung einer neuen Gesellschaft zu beteiligen.

Sie haben auch Theater gespielt im KZ?

Das war so ein lebensgefährlicher Versuch, Anpassung zu überwinden. Die Opfer brachten die Täter zum Lachen. Das war ein Tanz auf Messers Schneide. Lachen ist nicht nur ein Zeichen von Stärke, es ist selbst eine Kraft. Das sagte Lunatscharski, der erste Bildungsminister der Regierung Lenin.

Erwin Geschonneck, gibt es Dinge aus Ihrer Kindheit, die gleichsam zu einer lebenslangen Begleitung wurden?

Die Lust zu essen zum Beispiel. Mein Vater war Nachtwächter, manchmal brachte er Geflügelreste aus dem »Kempinski« mit nach Hause. Wenn er mich an den Knöchelchen herumkauen sah, hat er mir immer verboten, von einer kompletten Gans zu träumen.

Welche Erinnerung haben Sie an Ihre Mutter?

Drei Jahre alt war ich, als sie starb. Da gibt es also wenig Erinnerungen. Nur einen Satz habe ich im Gedächtnis. Als mein Onkel ins Wohnzimmer ging, sagte einer: »Du, nimm der Gertrud mal den Ehering ab, den braucht sie nun nicht mehr.« Da dachte ich, meine tote Mutter läge in der Wohnung. Sie war aber in der Charité gestorben.

Was halten Sie vom Alter?

Ich bin nicht froh, daß ich alt bin.

Nein?

Schon früher dachte ich: Es ist besser, jünger zu sterben – wenn alles intensiv und das Leben noch nicht so ausgeleiert ist. Deshalb rede ich auch lieber mit jüngeren Leuten, da spüre ich nicht diese Abgeklärtheit, diese Gewißheit, daß einen nichts mehr überraschen kann. Manchmal höre ich, daß es die Alten so schwer haben. Finde ich gar nicht, wenn man jetzt mal von gesundheitlichen Aspekten absieht. Nein, junge Leute haben es schwerer: Die Welt stürmt von allen Seiten auf sie ein, das ist doch ein gewaltiger Druck! Der produziert im Menschen Spannungen, die machen das Leben sinnvoll. Aber wir Alten? Wie heißt es so schön: Wen die Götter lieben, den lassen sie jung sterben. Mich haben die Götter nie geliebt.

Jetzt müssen Sie selber lachen. Warum sollen die Götter Sie nicht geliebt haben?

Wahrscheinlich, weil ich Atheist bin.

IV.
SPÄTE ANKÜNFTE

Plötzlich hat es keinen Sinn
die Krone auf dem Kopf zu behalten
die Krone ist schwerer
als eine echte

DER SCHAUSPIELER UND DER DICHTER

Es muß ja nicht die Theaterkunst sein
wo wir doch vorzügliche Romane haben

Wie ich zu Fontane fand

Ich will zu einem Ende kommen, und welcher Mensch wünschte sich nicht in allem, was er tut, ein gutes Ende. Ich fühle mich in meinen späten Tagen auf der einen Seite unrettbar verloren an den geliebten Unfugladen Theater, natürlich, andererseits aber spüre ich stärker denn je, daß ich als Fremder in diesen Schauspieler-Beruf kam und in gewisser Weise immer Fremder geblieben bin. Das schafft Distanz, die einem im Hochbetrieb der Kräfte mächtig stören und irritieren, aber einem doch eines Tages das innere Gleichgewicht retten kann.

Lange Zeit wußte ich nichts von dem, der mich aussprechen würde in meiner Skepsis und Freiheit des Alters, aber jetzt, da sich vieles neigt, weiß ich, daß sich die Geduld lohnte, der ich mich auslieferte, ohne es vielleicht zu wissen. Es hat lange gedauert, bis ich bereit war für diesen Theodor Fontane und seinen Satz, der für einen so Abhängigen wie den Schauspieler – davon bin ich überzeugt – sehr, sehr schwer zu leben ist: »Sich angehören ist der einzige erstrebenswerte Lebensluxus.«

Fontane? Zunächst nur eine fast pflichtgemäß zu registrierende Randfigur, denn davon hatte man als Student der Theaterwissenschaft gefälligst zu wissen: Theodor Fontane, Kritiker der »Vossischen Zeitung«, von 1870 bis 1889 ungefähr 600 Rezensionen, professioneller Zuschauer auf Parkettplatz 23 im Königlichen Schauspielhaus am Gendarmenmarkt. Das lag sogar unweit der Humboldt-Universität Unter den Linden, doch wenn man vor 45 Jahren mal hinging und nachsah, kam man bekümmert zurück. Schinkels Klassizismus-Bau war Kriegsruine und blieb es lange.

Wer von uns die Auswahl aus den Fontane-Kritiken besaß, die Ehm Welk 1949 besorgt hatte, las aus dem Pappband gelegentlich ein Stückchen zur Erbauung und Erheiterung vor. Das war zwar ganz ordentlich formuliert, schien uns jungen Besserwissern indes sehr alt, sehr weit weg. Der Verfasser sollte auch Romane geschrieben haben? Mochte sein, wir kannten sie nicht.

Dabei hätte gerade ich leicht draufloslesen können. Als Assistent am Theaterwissenschaftlichen Institut war mir ständiger Kontakt zu einer Buchhandlung aufgetragen. Dort sah ich eine Fontane-Ausgabe, blau, gebunden, noch heute in meinem Besitz, und kaufte sie. Fürs Regal. Denn in den bewegten Zeiten des Streitens um Brecht zog's mich keineswegs zu einem märkischen Wanderer und Erzähler ferner Geschichten. Da mußte noch viel Zeit vergehen.

Und vorher sollte noch ein anderer Dichter kommen, mit dem ich, Bauernjunge aus der Prignitz, etwas anfangen konnte: Ernst Barlach. 1985 spielte ich am Deutschen Theater seinen »Blauen Boll«. Gutsbesitzer, steifer Hut, Anzug von geschmackvoll abschattiertem Grau, unprotzig-elegante goldene Uhrkette, auf der Weste drei Reihen Knöpfe.

So ging der durch eine Welt der Kleinstadtgassen, des Kirchendämmers und der Bedrängnis wie der Verheißung. »Keinen Augenblick hat man Ruhe vor sich selbst«, will ihm scheinen. Auf der Bühne bemerkten wir beglückt ein staunendes Publikumsvergnügen an dem wimmelnden, gedrückten, aufflatternden, spökenkiekerischen Mikrokosmos eines plötzlich gar nicht flachen, sondern enorm abwechslungsreichen Landes – wie es ja auch Theodor Fontanes Brandenburg streckenweise ist.

Bei Matineen oder vor Studenten las ich jedoch noch immer nicht Fontane, ich las erst einmal Barlach, sein »Selbsterzähltes Leben«, den »Seespeck«, weiteres. Und wurde, mit reiferen Jahren, endlich reif für Fontane, für den mir die Lektüre Thomas Manns den letzten Anstoß gab. Er hat, von mir früher großzügig übersehen, einen Aufsatz hinterlassen über die Briefe des Alten.

Thomas Mann, selber Briefschreiber von Gnaden, läßt sich zu großen Worten hinreißen: »Wie es geborene Jünglinge gibt, die sich früh erfüllen und nicht reifen, geschweige denn altern, ohne sich selbst zu überleben, so gibt es offenbar Naturen, denen das Greisenalter das einzige gemäße ist, klassische Greise sozusagen, berufen, die idealen Vorzüge dieser Lebensstufe als Milde, Güte, Gerechtigkeit, Humor und verschlagene Weisheit, kurz, jene höhere Wiederkehr kindlicher Ungebundenheit und Unschuld, der Menschheit aufs vollkommenste vor Augen zu führen. Zu diesen gehört er; und es sieht aus, als habe er das gewußt und es eilig gehabt, alt zu werden, um recht lange alt zu sein.«

Güte. Gerechtigkeit, Weisheit, obendrein Humor ... Lechzen, um nicht zu sagen gieren wir nicht alle danach? Voll entfachter Erwartung griff ich nach den nun derart prominent empfohlenen Bänden, von denen sich eine erfreuliche Menge fand – und das Herz ist mir aufgegangen. Thomas Mann war zu bestätigen und umgehend eine Auswahl zu treffen, an der ein möglichst großes Publikum teilhaben sollte. Dergestalt gab es bisher um die 50 Lesungen im Theater und draußen, außerdem zu einer Tonkassette mit einigen Fontane-Briefen des Alterns.

In dem, was ich auswählte, versuche ich Fontane etwas zurückzugeben: das Akute seines Werkes. Sie betraf und betrifft mich unmittelbar. Schöne, wohl allzu schöne Ideale von einer neuen, verschiedentlich als sozialistisch bezeichneten Welt gingen zu Bruch. Und ich entdeckte bei meinem Fontane ein nämliches! Im Alter war auch ihm ein Ideal zerbrochen, sein Preußentum.

So sehe ich ihn – wie mich zuletzt dastehen als einen, der irgendwie ärmer wurde. Aber der nicht resignierte. Sondern das Erfahrene als Lauf der Welt erkannte und daraus den bereits erwähnten Schluß zog: »Sich angehören ist der einzige begehrenswerte Lebensluxus.« Donnerwetter. Den Satz muß Fontane gefunden haben in einer Stunde, das – jawohl – sehr fröhlichen Bedenkens und sehr heiteren Verzweifelns.

Schließlich kam ich zum »Stechlin«, meinem Lieblingsroman, gescheit, weise, ein Buch, das wahrlich ein volles Jahrhundert umgreift. Walter Jens hat mir ein liebenswürdiges Kompliment gemacht mit seiner Bemerkung, ich läse ausgewählte »Stechlin«-Kapitel höchst »gegenständlich«. Daß ich den Geist des Stoffes effektlos-sachlich vermitteln kann, halte ich ein bißchen meiner Prignitzer Herkunft zugute. Die Leute in unserem Dorf waren und sind Realisten und also empfänglich für Bodenständigkeit.

Desgleichen für das von Fontane listig reklamierte »gewisse Quantum von Mumpitz«, ohne welches es nicht gehe. Gemeint ist sicherlich, daß jeder starken Behauptung und Gemütsregung eine Prise leichte Ironie, sogar ein wenig Negation innewohnen sollte. Der Dichter ist, wie ich, wahrscheinlich kein mutiger Mann gewesen – siehe seinen tragisch-komischen Rückzug aus der 48er Revolution oder seine ebensolche Gefangennahme im deutsch-französischen Krieg 1870/71. Aber wem wäre eine gewisse Opportunität völlig fremd? Also soll man sie auch Fontane nicht anlasten.

Als der Dichter im unruhigen März 1848 ausnahmsweise und eher zufällig eine Flinte in die Hand nahm, verstand er sie nicht zu laden. Überdies konnte er mit Recht sagen: »Wenn die Gewehre erst losgehen, weiß man nie, wie die Kugeln fliegen.« Solche vorsichtige Anschauung ist mir absolut plausibel.

Fontanes Leben scheine zu lehren, hat Thomas Mann erkannt, »daß erst Todesreife wahre Lebensreife ist«. An den Satz glaube ich – inzwischen. Wenn ich überleben konnte, dann deshalb, weil es mir gegeben war, über mein Leben und meine Irrtümer nachzudenken. Mit Fontane, falls dieser alles andere als kokett oder eitel gemeinte Zusatz erlaubt ist. Seine Persönlichkeit und sein Werk lehren Selbstfindung. Ich ziehe aus beidem Ermutigung und Hoffnung, dazu Respekt vor dem Leben, und ich lerne bei ihm das Staunen neu.

Ich ehre Fontane, indem ich ihn vorlese. Ich denke, daß gerade Menschen meiner Generation Mut brauchen, den ich ihnen mit diesem menschenfreundlichen Dichter vermitteln kann. Er gibt Anlaß, ihn genau und noch genauer zu betrachten – wobei man möglicherweise plötzlich sich selber entdeckt. »Die Menschheit«, fand er heraus«, »will ihrer Natur nach ihren Fusel weiter trinken, und die, die den Antifusel predigen, stecken über kurz oder lang selber in irgendeinem Fusel drin. Ein Anderswerden ist nicht unmöglich, aber nach den, wie es scheint, sich immer gleichbleibenden seelischen

Mischungsverhältnissen höchst unwahrscheinlich.« Pessimistisch? Realistisch.

Mithin hilfreich und förderlich allerwege. Denn: Der Sieg des Realismus schafft die Romantik nicht aus der Welt. Andernfalls erlitten wir »einen schrecklichen, gar nicht wieder einzubringenden Verlust«. Lasen wir Studenten vor fast 50 Jahren in »Parkettplatz 23« und lächelten erhaben. Zu Unrecht, wie ich heute weiß.

EIN UNMÖGLICHES INTERVIEW
(mit Theodor Fontane. 1998)

Das Staunenswerte ist, so Alfred Kerr, Fontane beschreibend: Diese unmoderne Persönlichkeit hat unglaublich moderne Ansichten. Also, Fontane: ein wahrlich unmögliches Interview! Mit Ihnen! Aber für einen Schauspieler sind Raum und Zeit kein Hindernis ...

Seien Sie unbesorgt, es ist weit erquicklicher, mit Geistern zu reden als mit dem, was uns so umgibt.

So pessimistisch? Ich las bei Ihnen anderes: »Die Natur schuf mich zum Optimisten und Heitersehen.«

Je mehr ich mich gezwungenermaßen von der einzigen Berechtigung des Pessimismus überzeuge, desto mehr ziehe ich mich in meine Klause zurück und meide die Berührung mit den Menschen, die fast immer unangenehm ist.

Mancher predigt das Ende der Welt, nur weil er selber am Ende ist.

Ein großer Teil der Schuld wird wohl auch an mir selbst liegen; ja, ich würde geneigt sein, ihn nur in mir zu suchen, wenn es nicht so viele Abschnitte in meinem Leben gäbe, die mir den Beweis liefern, daß es doch auch an der Außenwelt liegen muß.

Diese Abschnitte in Ihrem Leben: Ihnen, Fontane, gelang weder der Beamte noch der Apotheker. Sie sind ein Dichter, der sich, 1848 nämlich, für eine Revolution begeistern möchte – und der sich doch als gänzlich ungeeignet für derartige Erhitzungen erweist.

Eine Zeitlang hält eine gute Truppe trotz aller Schwierigkeiten aus, zuletzt aber sind's Menschen, matt und müde geworden. So versagt die Kraft und der treueste Wille.

Welche Erkenntnis steht am Ende Ihrer zahlreichen Anpassungs- und Geldverdienversuche? Es muß immerhin eine fulminante Erkenntnis sein. Denn jenseits aller sozialen Sicherheiten, fast als Senior, als freier Schriftsteller zu beginnen, das ist ein beträchtliches Risiko.

Selbst Entbehrungen, wenn sie meiner harren sollten, sind mir nicht so schrecklich wie äußere und innere Unfreiheit.

Was wäre letzteres?

Die unsinnige Vorstellung, daß das Mitwirtschaften in der großen, langweiligen und, soweit ich sie kennengelernt habe, total konfusen Maschinerie, die sich Staat nennt, eine ungeheure Ehre sei. Nur die ungeheure Eitelkeit der Menschen, der kindische Hang zu Glanz und falscher Ehre verschließt die modernen Herzen gegen die einfachsten Wahrheiten und macht sie gleichgültig gegen das, was allein ein echtes Glück verleiht.

Das wäre?

Ich sage ja: Friede und Freiheit. Je älter ich werde, je mehr empfinde ich den Wert dieser beiden. Alles andre ist nichts.

Man wird im Alter gelassener.

Am Ende meiner Tage bin ich doch tief davon durchdrungen, daß dies alles doch eine Welt der Mängel ist, und daß es gar nicht schlimm ist, die Unruhe mit der Ruhe zu vertauschen.

Den Dingen so scharf ins Gesicht sehen, bedeutet Hoffnungsverlust – und also Einschränkung von Lebensqualität.

Das den Dingen scharf ins Gesicht sehn ist nur momentan schrecklich, bald gewöhnt man sich nicht nur daran, sondern findet in der gewonnenen Erkenntnis – auch wenn die Ideale darüber in die Brüche gingen – eine nicht geringe Befriedigung. Die höchste Ruhegebung aber kommt von einem aus dem memento mori, und eine Viertelstunde auf dem Lichterfelder Friedhof rückt einen immer wieder zurecht.

Theodor Fontane glaubt nicht an den Fortschritt?

Es wird soviel von Fortschritt gesprochen, und die Bildung soll alles besorgen, es wird aber mit Hilfe dieser Bildung nur noch schlimmer, denn die Zahl derer wächst ins Millionenfache, die nun auch »von Bildung wegen« etwas bedeuten wollen. Und das Einsehn davon, daß es so ist und so bleiben wird, entwertet doch stark das Jammertal – von dem man in der Jugend ein Stück Paradies erwartet. Dazu kommt, daß es mir immer schwerer wird, Anschauungen ruhig hinzunehmen, die ich für verrückt oder raufgepufft oder anmaßlich halte. Dergleichen alle drei Jahre einmal zu hören, amüsiert mich, aber mit solchen Personen zu verkehren ist mir unmöglich. Nur das bleibt bestehn: lieber Einsamkeit und ein Buch als schlechte Gesellschaft.

Früher war alles besser?

Da muß ich bemerken, daß ich nie zu den Lobrednern des Vergangenen gehört habe, auch jetzt noch nicht gehöre. Die Zeit, in die meine Jugend fiel, war auch schrecklich. Die »Ruppigkeit« von damals ist überwunden (leider noch immer nicht genug) – aber so sehr ich diesen Fortschritt anerkenne, so sehr er mich geradezu beglückt, so gewiß ist er auf halbem Wege steckengeblieben.

153

Vielen Menschen geht es ausgesprochen gut.

Auf den ersten Ruck ist dadurch was gewonnen, die Sinne werden befriedigter; aber sowie man ein bißchen schärfer zusieht, nimmt man eine Äußerlichkeitsherrschaft wahr, die mit einer gewissen Verrohung Hand in Hand geht. Die ganze Welt, man könnte beinah sagen, die Sozialdemokratie mit eingerechnet, hat sich durch gesteigerten Besitz und durch gesteigerte Lebensansprüche bis zu einer gewissen Bourgeoishöhe, vielfach von greulichstem Protzentum begleitet, entwickelt, aber von der Bewältigung der zweiten Hälfte des Weges, von der Entwicklung bis zur Aristokratie, der echten natürlich, wo das Geld wieder anfängt, ganz andren Zwecken zu dienen als dem Bier- und Beefsteakskonsum – von dieser Entwicklung unsrer Zustände sind wir weiter ab denn je.

Eigentlich sind Sie nie ein besonders kämpferischer Mensch gewesen. Stimmt die Beobachtung?

Ich bin nun mal für Frieden und Kompromisse. Wer diese Kunst des Kompromisses nicht kennt, vielleicht nicht kennen will, solch Orlando furioso und Charakterfatzke kann sich begraben lassen. Ich habe noch nicht gesehen, daß ein Dollbregen oder auch nur Prinzipienreiter heil durchs Leben gekommen ist.

Nächstenliebe statt Weltveränderung?

All den großen Sätzen in der Bergpredigt haftet zwar was Philiströses an, aber wenn ihre Weisheit richtig geübt wird, d. h. nicht in Feigheit, sondern in stillem Mut, so sind sie doch das einzig Wahre, und die ganze Größe des Christentums steckt in jenen paar Aussprüchen.

Zum Thema Weltveränderung: Die Geschichte weist viele Epochen auf, wo man Gott, Gerechtigkeit und Liebe, besonders den »Gott der Liebe«, ganz ernsthaft hat durchsetzen wollen. Das haben Sie geschrieben.

Die Haare sträuben sich einem aber, wenn man davon liest. Wie wurde vor jetzt gerade 1000 Jahren das Christentum bei uns inszeniert! Im wesentlichen ehrlich, aber doch furchtbar. Am reinsten erkennt man das Mißliche der Sache bei Betrachtung des Puritanertums, das sich ganz auf hohen und höchsten Anschauungen des alten Testaments aufbaute. Daß man dem König den Kopf runterschlug, war eine Kleinigkeit; aber schon nach 20 Jahren hatte dies Regieren zu »Ehren Gottes« und »nach dem Worte Gottes« derart abgewirtschaftet, daß man froh war, die alte Stuartsche Sündenwirtschaft mit Pauken und Trompeten wieder einziehen zu sehn.

Woran lag's? Warum ist der Versuch, eine verheißungsvolle politische Idee durchzusetzen, immer wieder die beste Garantie, eine solche Idee zu ruinieren?

Wenn dritthalb tausend Jahre nichts geändert haben, wo soll da die Änderung herkommen: Ich glaube, das ist so von Anfang an entschieden: Das Glücks- und Leidensmaß bleibt dasselbe, das Sündenmaß bleibt dasselbe, und das Maß von Anstrengung, das Sündenmaß zu verkleinern, bleibt auch dasselbe.

Was, Fontane, könnte helfen?

Nichts hilft. Der Mensch ist eine Bestie und seiner Niedertracht muß mit Mitteln aus demselben Arsenal begegnet werden. Vielleicht, daß mit lauterster, reinster Liebe der Teufel zu bezwingen wäre; aber diese lauterste, reinste Liebe gibt es nicht, es liegt in der Natur des Menschen, daß sich dies Lauterste und Reinste beständig verzerrt, in dieser Verzerrung unecht wird (mitunter unbewußt) und in dieser Unechtheit mehr Elend stiftet, tiefer durch Blut watet, als die naive, von allen Hoheitsbestrebungen unangekränkelte Sündhaftigkeit!

Sind Sie Moralist?

Im reinen Licht verbrennt alles. Man hüte sich vor Gefühlssezierungen andrer, vor dem ewigen Suchen nach dem eigentlichen Motiv, vor Betrachtung alles Irdischen im »reinen Licht«. Erstlich kriegt man's doch nicht raus, hinter dem letzten liegt wieder noch ein allerletztes; aber wenn man's nun auch herausgekriegt hätte, was hat man davon? Entweder Überheblichkeit, wenn man die Untersuchung am eignen lieben Ich vorbeigehen läßt, oder Katzenjammer, wenn man dahinterkommt: »So bist du nun auch.«

Ich zitiere jetzt etwas, bei dem Ihnen, wie man so sagt, der Hut hochgeht. Professor Möller, Bildhauer, meint: »Wenn da noch was fehlt, nehm ich wahrscheinlich Glaube, Liebe, Hoffnung.«

Immer wird ein bißchen Glaube, Liebe, Hoffnung genommen, wie aus dem Bausteinkasten der Kinder! Von wirklichem Glauben und wirklicher Liebe ist mir noch nichts vor die Klinge gekommen, zu dem ich auch nur ein halbes Vertrauen hätte. Schopenhauer hat ganz recht: »Das Beste, was wir haben, ist Mitleid.« Mit den anderen Gefühlen sieht's windig aus.

Sie tun jetzt fatalistischer, als Sie eigentlich sind.

Ja. Trotzdem brauchen wir sie, unsere Gefühle, wir brauchen den Glauben daran; wir dürfen sie nicht leugnen, weil sich sonderbare Reste davon immer wieder vorfinden. Und selbst wo gar nichts ist, müssen wir dies Nichts nicht sehen wollen; wer sein Auge immer auf dies Nichts richtet, der versteinert. Die Wahrheit ist der Tod. Das Leben, Gott sei Dank, ist kein Tummelplatz großer Gefühle, sondern eine Alltagswohnstube, drin das sogenannte Glück davon abhängt, ob man friert oder warm sitzt, ob der Ofen raucht oder guten Zug hat.

Was ist Leben?

Die Kunst des Lebens läuft darauf hinaus, von zwei Übeln das kleinere zu wählen. Daß ich das alles gleichgültig hingenommen hätte, kann ich nicht sagen, ich habe darunter gelitten, aber andrerseits darf ich doch auch hinzusetzen: Ich habe nicht sehr darunter gelitten. Und das hängt damit zusammen, daß ich immer einen ganz ausgebildeten Sinn für Tatsächlichkeiten gehabt habe. Ich habe das Leben immer genommen, wie ich's fand, und mich ihm unterworfen. Das heißt, nach außen hin; in meinem Gemüte nicht.

Der Mensch gewöhnt sich an alles.

Dieser Satz ist falsch. Ich bin so unsentimental wie möglich, aber es ist ganz gewißlich wahr, daß zahllosen Menschen, alten und jungen, das Herz vor Gram, Sehnsucht und Kränkung bricht. Jeder Tag führt den Beweis, daß sich der Mensch nicht an alles gewöhnt. Auch ich würde es nicht gekonnt haben und wäre entweder tiefsinnig geworden oder hätte doch wenigstens eine traurige Wandlung aus dem Frischen ins Abgestandene, aus dem geistig Lebendigen ins geistig Tote durchgemacht. Das heißt dann freilich »sich gewöhnen«, aber wie!

Wie denken Sie, Fontane, über den Tod?

Man lebt sich selbst, man stirbt sich selbst. Die Alten sterben weg, und für die junge Welt ist man eine Ruine, zu der – bei gutem Wetter – eine Partie gemacht wird. Ich bin ganz einverstanden damit. Andere sind dran, um über kurz oder lang wieder Platz zu machen.

EIN BRIEF AN KURT BÖWE

Sehr geehrter Herr Böwe,

als ich am Montag, dem 16. November 1997, um 10 Uhr morgens in meiner Zwei-Zimmer-Wohnung hier in Chemnitz aufwachte, wurden mir zwei Dinge schmerzlich bewußt: Zum einen, daß ich gerade erst ins Bett gegangen war, zum anderen, daß dies wohl der langweiligste Tag in meinem Leben werden würde.

Doch ich hatte mir das ja selbst zuzuschreiben. Schließlich war ich es ja selbst gewesen, der gelesen hatte, »Kurt Böwe liest Fontane« – in der Leipziger Moritzbastei. Und ich selbst hatte ja meine Großmutter nach Leipzig eingeladen – und das, ohne daß es einen offiziellen Grund gegeben hätte (sowas wie Weihnachten oder Ostern oder Pfingsten). Ich wollte meiner Großmutter eine Freude machen, einfach nur so, weil ich ihr lange keine Freude gemacht hatte, und sie nahm meine Einladung an, und sie sagte, für sie wäre das wie Weihnachten und Ostern und Pfingsten zusammen.

Sie müssen wissen, meine Großmutter sieht Sie gern in den Filmen, und sie liebt Fontane über alles. Oft sagt sie »mein Fontane« und den Trabant, der ihr vor einem Jahr gestohlen wurde, hatte sie »Theodor« getauft. Vor einigen Jahren, als ich jünger war und meine Großmutter oft bat, von früher zu erzählen (ich hatte da meine Lieblingsgeschichten – zum Beispiel die von ihrer dicken Schulfreundin, die alle nur »Molch« nannten), las sie mir manchmal Fontane vor, und einmal waren wir sogar im Urlaub und fuhren Fontanes Wanderungen durch die Mark Brandenburg mit dem Trabant »Theodor« ab.

Mich hat eigentlich immer nur ein Brief Fontanes fasziniert, der Brief, den er am Tag seines Todes schrieb. Ich habe nie verstanden, wie ein Mensch einen Brief schreiben und dann sterben kann.

Kurz, wir fuhren an diesem 16. November also nach Leipzig und trafen dort meinen Bruder. Er ist 24, vier Jahre älter als ich, und er läßt sich noch seltener zu Hause sehen als ich. Wir aßen in einem kubanischen Restaurant, und ich versuchte mir den Ausblick, da würde gleich ein alter Mann über einen noch älteren Mann vor einem Haufen alter Männer sprechen, mit Cuba libre erträglich zu trinken.

Ja, und dann waren wir in der überfüllten Moritzbastei, und dann standen Sie vor mir und waren überwältigt vom jubelnden Publikum und sahen aus, als hätten Sie sich auch dann gefreut, wenn nur zwei Leute gekommen wären. Und dann boten Sie meiner Großmutter den Stuhl an, den Sie nicht brauchten, und meine Großmutter sagte, das hätte sie sich nicht träumen lassen, und sie meinte das ernst, und ich merkte, daß da kein alter Mann liest und daß der Mann, von dem er redet, erst recht nicht alt ist.

Und als wir nach der Lesung verschwanden, wußte ich, noch bevor sie es sagte, daß das einer der schönsten Tage meiner Großmutter gewesen war, und ich sah das auch so. Ich rauchte sogar eine Zigarette, obwohl meine Großmutter es nicht mag, wenn ich in ihrem Beisein rauche – in dem Moment war es ihr und mir ganz egal.

Sie hat vor Jahren mal gesagt, ich würde eines Tages ihre Fontane-Bibliothek erben, und seit dem 16. November, einem stinknormalen Tag, den ich am liebsten verschlafen hätte, weiß ich, daß ich viel mehr erben werde, als nur ein paar Bücher. Obwohl ich nicht darüber nachdenken möchte, daß meine Großmutter sterben wird.

Herr Böwe, diesem Brief liegt ein Buch bei. Ich möchte es meiner Großmutter (sie heißt Marga Simon) schenken und Sie bitten, ein paar Worte hineinzuschreiben. Bitte schicken Sie mir doch das Buch an meine Adresse zurück. Ich werde versuchen, Ihnen das Porto zu erstatten. Sollte es Ihnen nicht möglich sein, nehmen Sie das Buch bitte als Geschenk an, wenn auch als wenig einfallsreiches. Denn wer läßt sich schon gern sein eigenes Buch schenken? Ich würde mich freuen, von Ihnen zu hören

Herzlichst, Tim Jánszky

»TACH, DU ROTE SOCKE«

»*Zur Person*« *Kurt Böwe – ein Fernsehgespräch mit Günter Gaus. 1997*

Novembertage
auch wenn sie sich in die Länge ziehen
uns ist nicht langweilig
weil wir unsere großen Geister haben

GÜNTER GAUS: Kurt Böwe, Schauspieler am Deutschen Theater in Berlin, einem weltberühmten Theater. Aber Böwe ist auch ein Schauspieler gewesen im Fernsehen und im Film. Im Fernsehen vor allem bekannt geworden als Kommissar Groth in der Serie »Polizeiruf 110«. Böwe, 1929 im Brandenburgischen geboren, kleinbäuerlicher Herkunft, hat das Theater durchaus auch verstanden als ein Agitationsinstrument, um die Idee des Sozialismus zu propagieren. Böwe will sich jetzt ein bißchen mehr zurückziehen. Er ist in zweiter Ehe verheiratet mit einer Dramaturgin und ehemaligen Schauspielerin, hat aus zwei Ehen vier erwachsene Kinder.

Sie haben gelegentlich von sich gesagt: Wenn ich, Schauspieler Kurt Böwe, so daherkomme, vor allem im Fernsehen als Kommissar Groth in der Serie »Polizeiruf 110«, dann bringe ich die ganze DDR mit ins Spiel. Was meinen Sie damit, Herr Böwe?

KURT BÖWE: Das will ich gern erläutern. Ich fürchte, es ist die Wahrheit. Zumal dieser Alte, der geschlagene ...

Der Kommissar Groth?

... der Kommissar Groth, der wie ich auch die Schlacht verloren hat, läuft nicht mehr so senkrecht und aufrecht. Er läuft offenbar etwas gebeugt, der Last dieser Welt nicht mehr so gewachsen. Aber – wie wir bemerken werden – im Geiste ist er durchaus noch tragfähig. Denn er hat ja ein Terrain, das er bedenken kann.

160

Das ist ein Vorteil. Ein Verlust hat auch etwas Vorteilhaftes. Also läuft er da rum ...

Er kommt aus DDR-Polizeidiensten?

Der ist Chef gewesen, in Parchim. Meine Heimat, wo ich herkomme, ist zwischen Parchim und Putlitz, falls das jemandem bekannt ist.

Aus dem Mecklenburgisch-Brandenburgischen.

Aus dem Mecklenburgisch-Brandenburgischen. Meine Heimat.

Der Groth war Polizeikommissar der Volkspolizei in Parchim.

So ist es.

Nicht ganz abgewickelt, aber ...

Nein, er ist wieder zurückgekommen, weil man dachte, er wäre ein ganz schlauer Fuchs, ein Talent, das die Dinge riecht, durch gute Nachrichten, die er überall hat. Das heißt, er kann gut gucken und gut riechen. Nun ist er das geblieben, aber er kann natürlich nicht mehr Chef werden, was ihn – glaube ich – nicht zu sehr grämt. Er hat dafür einen jungen Aufsteigerbeamten, von denen es hier bei uns sehr viele gibt. Das ist so ein Blondhaar. Viele verwechseln ihn mit einem Wessi, doch er ist ein Sachse, und der ist bereit und willig, eine große Karriere zu machen. Was Groth ihm mit einem kleinen ironischen Unterton auch gerne wünscht. Und dies ist eigentlich – wenn Sie so wollen – meine letzte Kundgebung oder auch meine Sympathiebekundung. Ich will gleichsam mit dieser Figur den Leuten, die abgewickelt wurden ...

... mit der DDR ...

... und zu nichts mehr tauglich sind, denen möchte ich gern Mut machen: Wir sind noch nicht alle verloren. Das ist eigentlich der geheime Trick. Ich hoffe, es funktioniert auch so. Und, Herr Gaus, Groth hat einen Beutel. Dieser Beutel ist mehr wert als ich selber. Denn: Für mich ist dieser Beutel – den hätte ich hier gern noch einmal gezeigt, der liegt dort hinten in der Garderobe – ein DDR-Syndrom. Warum? Ein DDR-Bürger, wenn er denn leben wollte, brauchte auch immer einen Beutel.

Für ein Schnäppchen?

Ja. Wir waren ja Gott sei Dank keine Überflußgesellschaft, das hat immer zwei Seiten, wissen Sie ... Wenn es plötzlich doch Apfelsinen oder Bananen gab, stellte man sich an, und dann fragte die Verkäuferin: Haben Sie einen Beutel? Da konnte ich drei Beutel zugleich zeigen, denn es waren zwei drin, wie bei der Matrjoschka.

Herr Böwe, Sie haben in dieser Serie »Polizeiruf 110« den aus der DDR stammenden Kommissar Groth im gesamtdeutschen Polizeidienst, aber immer noch im Osten spielend, dargestellt, und Sie haben ihn eben beschrieben und erklärt: Mit ihm kommt die ganze DDR ins Spiel. Da gibt es eine Szene, da werden Sie begrüßt von einem Mitspieler mit dem Satz: »Tach, du rote Socke.« Haben Sie das reingeschrieben?

Ja. Weil: Ich wollte die Wahrheit sagen. Und warum soll er nun schwarze Strümpfe tragen?

Sie haben angekündigt, Sie würden aus dem festen Ensemble des Deutschen Theaters, eines der weltberühmten Theater, die die DDR hatte, ausscheren. Sie würden zwar noch weiterspielen, aber nicht mehr im festen Engagement. Sie werden etwas kürzer treten. Ist das sozusagen nachfolgend auch ein Abschied aus DDR-Zeiten, wo jetzt – wir kommen auf die Biographie zur Person Böwe – jemand Ihres Alters, Jahrgang 1929, sagt: Nun ist es ein bißchen an der Zeit? Oder ist es Mangel an Motivation? Oder ist es eine Mischung aus beidem und noch mehr?

Es ist, glaube ich, viel mehr noch. Aber ich will mich auf eines beschränken. Es ist tatsächlich Mangel an Motivation. Ich sehe am Ende dieses Jahrtausends, wir haben noch drei Jahre Zeit, wenig Hoffnung. Es ist eigentlich etwas, was mich nicht gerade motiviert.

Nicht motiviert, Theater zu spielen?

Ich stand da oben immer mit der Hoffnung, nicht die Leute zu Besserem zu bekehren, wie Faust sagt – nein, ich stand da oben, um den Leuten einfach Hoffnung zu machen. Auch als kritischer Denker, der ich da oben stand und sich mit der DDR-Wirklichkeit auseinandersetzte. Sehen Sie, wir konnten ja da oben nicht das »Neue Deutschland« vorlesen, wir waren, sonderlich in der Spätphase der DDR im Deutschen Theater, sehr kritische Leute, und die Zuschauer verstanden uns und kamen. Nun, da wir alles verloren haben, und ein anderes Publikum haben im Deutschen Theater – die Ostler sind weggeblieben, weil sie es nicht mehr bezahlen können, die Westleute sind gekommen –, schauen wir uns manchmal etwas verwundert um.

Ich werde auf einzelnes zu fragen kommen. An dieser Stelle gefragt: Wenn Sie ein Wissenschaftler gewesen wären, wären Sie wegen Staatsnähe abgewickelt worden, aus Ihrem Amte entfernt. Nun waren Sie durchaus ein Staatsnaher, eine rote Socke, ein staatsnaher DDR-Hofschauspieler sozusagen ...

... vielleicht nicht ganz.

Ein Schauspieler – nicht abgewickelt, sondern aus Mangel aus Motivation selber ein wenig zurückgetreten. Ist das der Bonus, den man aus der Narrenfreiheit des Schauspielers gewinnt im Vergleich etwa zu einem Staatsfunktionär, einem Wissenschaftler?

Das glaube ich nicht, daß das etwas damit zu tun hat. Ich weiß nur, wenn ein Mann da oben steht, der nicht mehr weiß, warum er da steht, muß er abtreten. Der Schauspieler lebt nur von seiner eigenen Existenz. Es hat nichts anderes: Er sieht so aus, wie er ist, und er ist so, wie er ist. Wenn er nicht mehr reden kann, weil er kein Motiv hat, soll er lieber schweigen, denke ich. In den Wind hineinzureden, hat dann keinen Sinn. Und im übrigen bedenken Sie, Thomas Mann, den ich verehre, hat es gesagt: Die Schauspielerei ist eine von den Künsten, die am hemdsärmligsten ist. Das heißt: Wir sind so unabdingbar den Leuten ausgesetzt, daß wir nicht umhin können zu reden, was entweder fruchtet oder nicht. Die Leute klatschen oder nicht. Das ist ein Entweder-Oder-Spiel, dieses Theater. Es hat seine Wirkungen jetzt zu haben und nicht übermorgen. Sie können ein Buch hundert Jahre liegenlassen, einen Schauspieler können Sie nicht hundert Jahre liegenlassen. Dann fault er.

Die Teilung Deutschlands – dauert sie nach Ihrem Eindruck an?

Ich rede mal einfach von mir. Ich habe zwar jetzt einen Paß, da steht drin, daß ich ein Bundesbürger bin. Ich weiß nicht, was ich damit soll. Wer vierzig Jahre hier gelebt hat und sich dazu bekannt hat über weite Strecken und am Ende kritischer, das versteht sich für einen intelligenten Menschen – ich weiß nicht, wie ihn der Zustand im Moment erfüllen sollte. Für die Westdeutschen ist das leichter. Aber für uns ist das allemal schwieriger, wir verlieren – glaube ich – erstmal unsere Identität. Wollen wir da ruhig dabei bleiben? Und das ist ein schwerer Verlust, den möchte ich mir nicht kleinreden lassen.

Und von daher dauert für Sie auch die Teilung noch an?

Absolut. Denn man will mir eigentlich diese vierzig Jahre ausreden. Ich habe aus diesem Grunde ein Buch geschrieben, mit Hans-Dieter Schütt, um zu beweisen: Das ist ein Leben, das einen Sinn hatte. Den lasse ich mir nicht wegdiskutieren.

Zur Person Kurt Böwe. Geboren am 28. April – die Quellen changieren da ein bißchen. Ist es der 28. oder der 29.?

Es ist der 28. April.

Jetzt sind Sie schuldig für das Datum.

1929.

Da wechseln die Quellen nicht. Ich darf mich stolz jemand Ihres Jahrgangs nennen.

Das freut mich.

Kein so schlechter Jahrgang.

Das meine ich auch.

Christa Wolf, Heiner Müller.

Gaus.

Zur Person Kurt Böwe. Geboren am 28. April 1929 in Reetz, einem brandenburgischen Dorf in der Prignitz nahe bei Perleberg. Kurt Böwe ist eines von sieben Kindern kleinbäuerlicher Eltern. Der Vater ist ein dominierender, gestrenger Mann. Das alles weiß ich unter anderem aus Ihrer Biographie, die Sie erwähnt haben und die Sie mit Herrn Schütt zusammen gemacht haben. Der Vater ist ein dominierender, gestrenger Mann, die Mutter hat es zu leiden. Der heranwachsende Kurt Böwe hat schweres Asthma, was eine Sonderrolle auf dem kleinen Hof schafft. Jetzt im Alter, Herr Böwe, kommen die Erinnerungen stärker: Was sagen Sie Ihnen über das Elternhaus und über die Familie? Was bedeutet Ihnen heute der Rückblick auf diese Herkunft?

Ich habe dort meine Prägung erfahren. Das betone ich. Und ich habe sie nie verloren. Das hat mich gerettet. Ich habe meinen Ursprung nicht geleugnet, ich konnte es auch gar nicht. Das heißt, ich habe dazugelernt. Mein Urgrund blieb immer bäuerisch-plebejisch. Ich habe auch nicht, wenn ich dorthin zurückgekommen bin, die kritische Elle angesetzt, sondern ich wurde immer empfangen als einer der ihren. Diese Familie ist 1914 in dieses kleine Dorf gekommen. Am Ende dieses Jahrhunderts wird von dieser Familie niemand mehr übrig bleiben. Das heißt, es ist fast ein biblisches Jahrhundert – eine Familie kommt, und der Wind weht sie fort. Das alles bringt mich immer wieder dazu zu überlegen, was denn das sei, dieser Ursprung und das bissel Zukunft? Das ist eine enorme Spannung.

Sie, Herr Böwe, machen 1949 Abitur in Kyritz an der Knatter. In dem schon erwähnten Buch mit Schütt wird festgestellt, daß Sie einem Haus entstammen, in dem es kein Buch gab, die Bibel konnte man vom Pastor holen, wenn sie benötigt wurde. Nun machen Sie Abitur. Das Elternhaus ist als kleinbäuerlich charakterisiert worden. Später, ich greife vor, werden Sie Mitglied der SED, die Roten, wie man das auf manchen Dörfern genannt hat und nennt. Und nun noch die höhere Bildung, das Abitur, Universitätsstudium. Sie sagen: Ich habe da keine andere Elle angelegt an meine Familie. Gab es eine Entfremdung zwischen Ihnen, den Geschwistern, dem Elternhaus, weil Sie plötzlich ein anderes Deutsch gesprochen haben – eine höhere Bildung? Gab es eine Schwelle, gab es eine Distanzierung?

Nein, ich glaube nicht. In dem, wie ich mich wandelte – nicht in dem, wie ich mit ihnen sprach. Ich redete mit ihnen, wie sie mit mir redeten. Sie waren vielleicht doch ein wenig stolz auf mich, weil ich ja zur Universität kam. Sie wußten zwar nicht, was das war, was ich da studiert habe. Meine Mutter wollte selbstverständlich, daß ich Doktor werde. Ich selbst war geschlagen seit dem vierten Lebensjahr mit dem Asthma. Da kam immer ein Mann, so ein Doktor, mit einem großen Hut auf einem zweirädrigen Karren, und da fand ich, das solltest du vielleicht auch werden. Das ist was sehr Gutes.

Nun wurden Sie das nicht, sondern Sie gehörten zum fahrenden Volk, wo man die Wäsche von der Leine hängt – und konnten auch noch Hochdeutsch sprechen. Also, wie war es mit der Familie?

166

Solange ich an der Universität war und ein honoriger Mensch, konnten sie sagen: Kurt ist an der Humboldt-Universität. Das war ja schon was. Aber nun driftet er ab und geht unter diese Verbrecher, unter diese Puppenspöler. Plötzlich gehörte ich zu den Komödianten, worüber man im Norddeutschen sagt: Hände weg, Wäsche weg, die Komödianten kommen! Zu denen gehörte ich plötzlich. Mein ältester Bruder war so erbost, daß er gesagt hat, er würde zu diesen Verbrechern gehen, er würde sich mit diesem Regisseur Horst Schönemann, der mich angeworben hat, eigenhändig prügeln, daß er mich guten Menschen in einen solchen Sog gezogen hat.

Da war nicht das Rote das Problem, sondern die Schauspielerei?

Mit dem Roten hatte das keine Bewandtnis. Das kümmerte sie wirklich wenig. Ich glaube nicht, daß sich auf diesem Dorfe mit diesem Problem überhaupt jemand auseinandergesetzt hat. Meine Schwester bekam ein rotes Fahrrad, da sagte sie: Rot ist keine Farbe für mich. Das war der Kommentar zur Weltgeschichte.

Aber war es nicht so, daß Ihr Bruder, der älteste, dann Direktor wurde bei einer Getreidemittelfabrik? Ist da nicht gesagt worden: Wenn du zu den Roten gehst – was er ein bißchen mußte, nachdem er da Direktor werden sollte –, dann ist Schluß?

Die Frau hat gesagt: Dann lasse ich mich scheiden.

Das Rote hat doch was bedeutet?

Für ihn, da er ja was werden wollte. Meine Schwester wollte nicht, der Mann war Dachdecker. Aber wenn einer nun in der Hierarchie raufklettert und die rote Nadel anstecken mußte ...

Aber daß Sie das taten, hat der Familie nichts bedeutet?

167

Nichts. Ich bin ja auch erst 1964 da reingegangen. Ich war ein Spätentwickler. Mich hatte der Stalin gestört. Solange der da war, kam ich sowieso nicht darauf, in den Verein einzutreten. Als ich dann darauf kam, war es weit nach der Mauer. Dieses Problem war abgegessen. Da war ich sowieso der Ausgestoßene, da war ich unter die Schauspieler gegangen. Und nun warteten sie: Wird er denn nun berühmt? Er trat im Fernsehen auf. Da mußten die Frauen immer gucken und die Männer auch. Meistens war es ein wenig langweilig, dann kriegte ich wieder Prügel. Und wenn ich dann zwei Monate oder zwei Jahre nicht drin war, sagte mein dicker Bruder, der mein Präsident war: »Kurt, was is los mit dir, bist wohl weg vom Fenster, was?« Habe ich immer gesagt, daß das Quatsch sei. Das Problem der Schauspielerei war: Wenn da einer nichts wird, und das ist der Bruder, kann man den nicht mehr vorzeigen. Das ist eine bittere Sache.

Wenn du zu den Roten gehst – von Ihrer Schwägerin zum Bruder gesagt ... Er ist dann zu den Roten gegangen, obwohl er sicherlich nie ein Roter war.

Er hat bei den Reden immer Jesus Christus und Karl Marx verwechselt.

Wenn du zu den Roten gehst, lasse ich mich scheiden, hat sie gesagt. Ist dieses etwas, worunter Sie, ohne es der Familie zu sagen, gelegentlich gelitten haben, weil Sie trotz aller Zuneigung zur Familie, sich gedacht haben: Daran – nicht nur daran, aber daran auch – wird das, wofür ich mich engagiere, dieses andere Deutschland, scheitern. Haben Sie das empfunden?

Ich glaube nicht. Dieses Zusammenleben mit meiner Familie war argloser als man denkt, weil bei ihnen die Politik keine vorstellbare Rolle spielte. Sie konnten sich politisch gar nicht artikulieren und dachten gar nicht daran. Es ging für sie ums Überleben. Es hatte keine große Folgerung.

Geboren 1929. Gerade alt genug, um den Krieg noch wahrzunehmen, ihn zu begreifen, ohne von ihm geprägt zu werden. Schon alt genug, um den Frieden, jedenfalls das Nicht-mehr-Krieg-haben bewußt zu empfinden. Welche Hoffnungen, welche Erwartungen hat der junge Kurt Böwe in den frühen Nachkriegsjahren, in dem, was ich die Besinnungsjahre genannt habe? Welche Erwartungen hat der junge Kurt Böwe gehegt? Das sollte es nie wieder geben?

Eines sollte es nicht mehr geben: Krieg. Und ein weiteres sollte es nach längerem Bedenken, wozu ich Gelegenheit hatte, ebenfalls nicht mehr geben: Nie wieder Faschismus. In der DDR – ich ging ja durch ihre Schule – bin ich nach und nach ein Mann geworden, der sich antifaschistisch in der Gesinnung nennen konnte. Das war das eine. Doch plötzlich, nachdem ich den einen Führer losgeworden war, kam ein neuer Führer, der der Kommunisten in Moskau der Stalin. An den konnte ich mich freilich nicht mehr gewöhnen. Und das prägte mein Verhalten und meine Geschichte. Das hat mich auch daran gehindert, in die Partei einzutreten. Erst als dieser Stalin starb und Chruschtschow seine bedeutende Rede hielt, die ich im »Spiegel« gelesen habe, trat ich ein.

Das Theater, Herr Böwe, ist Ihnen in den Kopf und ins Gemüt gesetzt worden von einem Lehrer in Kyritz an der Knatter. Zunächst einmal haben Sie an der Humboldt-Universität in Ostberlin studiert – im Hauptfach Theaterwissenschaft.

Germanistik und Theaterwissenschaft.

Auf diesem Gebiet haben Sie als wissenschaftlicher Assistent Seminare abgehalten, haben doziert. Aber dann kam der Schritt von der Theorie zur Praxis. Wie ist es dazu gekommen? Wie ist der Theaterwissenschaftler, der Germanist, zum Theaterpraktiker, zum inzwischen gefeierten, berühmten Schauspieler geworden?

Bei mir ist alles vom Zufall diktiert worden. Ich hatte die Schauspielprüfung am Deutschen Theater 1950 gemacht und wurde sogar angenommen. Aber ich gelangte in einen Kreis, der mir völlig fremd war. Ich war ein Dörfler, ein Mann, der ein wenig erbärmlich aussah, und die Leute dort sahen alle ganz anders aus. Das waren wirklich gute Bürgersöhne, die gute Lehrer hatten.

Ich kam wie ein Trottel daher – und die haben mich genommen. Der Mann sagte mir: »Weißt du, Kurt, wir nehmen dich, ein bissel Asthma hast du zwar. Aber weißt du, mich freut, daß du vom Land kommst – wir werden nicht verhungern.« Hui, schoß es mir in den Kopf: Du bist hier so etwas wie ein Arbeiter- und Bauernkader, die sie hier nicht haben, und du bist der Ersatzmann. Das spürte ich sofort. Ich ging hinüber zur Humboldt-Universität und fragte, ob ich studieren könne. Die sagten: Das können Sie ohne weiteres. So bin ich dahingekommen, aus Furcht vor den völlig fremden Leuten am Theater.

Wie kam es dann zum Theater?

Einmal habe ich die Germanistik gewählt, weil ich Plattdeutscher war, ich mußte erst richtig hochdeutsch lernen. Ich ging zur Universität. Dort traf ich Leute, die, wie ich fand, durch die DDR mit Recht dahingeordert wurden. Ich wäre ohne die DDR auch nicht diesen Weg gegangen, das will ich bekennen. Das ist nun mal so. Also studierte ich das, wurde Assistent und durch einen Zufall Leiter der Studentenbühne der Humboldt-Universität.

Und so kam es?

Da wollte ich natürlich nicht spielen. Ich wollte nur mal sehen, ich war Assistent am Theaterinstitut, wie das ist, wenn man ein eigenes Theater leitet: Du mußt einen Regisseur suchen, du mußt ein Stück suchen, Dramaturg war ich selber. Und da sagte man zu mir, wenn du hier nicht spielst, dann gehen wir nach Hause. Da saß ich in der Falle.

Und was folgt?

Ein Rattenfänger kommt. Er war damals für mich ganz inter-

Plakat von Paul Rosié zur Inszenierung »Der entfesselte Wotan« von Ernst Toller – im Studententheater der Humboldt-Uni, das Kurt Böwe leitete

essant, er kam aus Senftenberg vom Maxim-Gorki-Theater. Er war ein etwas liberalerer Kopf.

So kam es?

So kam es.

Sie haben gesagt, warum Sie zu Stalins Zeiten nicht in die SED eingetreten sind. Warum sind Sie dann eingetreten?

Nach dem Bau der Mauer bin ich wie andere auch eingetreten. Verstehen Sie: die Mauer – sie wären uns ja fast alle weggelaufen. Hätten wir sie nicht gebaut, wären wir allein übriggeblieben. Wir glaubten, mit der Mauer unsere eigene Souveränität gewinnen zu können, es würde aufwärtsgehen, wir könnten miteinander besser verfahren in der Kunst und im Geiste.

Das glaubte ich, und bei dieser Gelegenheit trat ich leichtsinnig in die Partei ein. Ich will gleich die Wahrheit sagen: Ich bin sicher kein Parteimann, ich befinde mich als Individualist eigentlich immer in einem merkwürdigen Verhältnis zu einer Befehlsgewalt.

Aber Sie wollen auch nicht durch diese Bemerkung eine heute kleidsame Distanz zwischen sich und Ihrer Parteimitgliedschaft legen?

Nein, das habe ich gar nicht nötig. Wir gingen nach Halle, und wir machten dort den Versuch eines sozialistisch-kritischen Volkstheaters. Das ist uns einigermaßen gelungen. Unser Gewährsmann war Sindermann, damals ein liberaler Kopf, und meine erste Rolle war Trullesand.

Die Hauptfigur in dem Roman »Die Aula« von Hermann Kant. Sie hatten Ihre ersten großen Erfolge als Schauspieler Ende der 60er Jahre in Halle. Die Truppe dort wurde von anderen Theaterleuten in der DDR verstohlen-abschätzig »die roten Brüder von Halle« genannt. Sie haben Trullesand, Hermann Kant und »Die Aula« erwähnt. Das war durchaus – auch nach Ihrem Selbstverständnis, wenn ich das richtig verstanden habe bei der Vorbereitung – Theater als Agitationsinstrument, um die Idee des Sozialismus, des Andersmiteinander-leben, zu propagieren. Völlig wertfrei gefragt: Was sagt Kurt Böwe heute dazu?

Selbstverständlich fand ich das zunächst ganz wichtig, unser Erfolg sprach auch dafür. Wir versuchten ein Kollektiv zu sein, in dem demokratische Verhältnisse bei der Erarbeitung der Stücke hergestellt wurden. Nun, wir wissen inzwischen, Demokratie im Theater geht eigentlich nicht gut. Wir haben es versucht. Wir haben mit den Leuten gesprochen, wir haben uns eingemischt in ihre Probleme. Wir haben da nicht das »Neue Deutschland« vorgelesen, sondern kritische Dinge vorgeführt, denn sonst wäre keiner zu den Vorstellungen gekommen. Jedenfalls machte das Spaß. Ins Bedenken kam ich durch Konrad Wolf 1972, der mich fragte, ob das, was ich da so mit Leidenschaft tat, nicht vielleicht doch problematisch sei. Da ist Wolf schuld. Er machte einen Film, »Der nackte Mann auf dem Sportplatz«, und suchte einen, der so aussieht wie ich, nämlich wie die DDR. In dem Film sollte dieses merkwürdige Verhältnis zwischen Kunst und Realität hinterfragt werden. Er hatte bereits einen Versuch gemacht mit »Goya«, der ist ihm nicht gelungen. Jetzt machte er es noch einmal, und ich war der, den er dafür vorgesehen hatte. Dabei kam ich ins Bedenken über mich, über meine Existenz, denn ich wollte ja mal zum Deutschen Theater.

Wohin Sie dann kamen. Aber noch einmal hier gefragt: Wenn man dieses nun schon öfter erwähnte Buch von Schütt liest, und wenn man unser Interview bis zu diesem Punkt bedenkt, dann sagen Sie: Nein, nein, wenn in mir die DDR daherkommt, dann will ich das auch so haben. Wenn Sie jetzt sprechen, warum Sie wann in die SED gegangen sind, und wann Sie ins Grübeln kamen, klingt es nach mehr Distanzierung, als man aus dem Buch ablesen kann. Ich frage deswegen ganz gezielt: War alles ein Irrtum, oder waren es nur viele Irrtümer? War alles falsch, oder waren es große und kleine Irrtümer über die Menschen, wie sie sind, was sie leisten können, was man tut, was man besser nicht tut, Erziehungsdiktatur ja oder besser nicht, Menschen zu ihrem Glück zwingen oder besser nicht? War alles ein Irrtum, oder was war der größte Irrtum?

Diese Irrtümer, die gebündelt zum Verlust geführt haben, werden nicht hindern, daß der Versuch nach einem solchen Zusammenleben erneut gemacht wird.

Das wollen Sie?

Das möchte ich auch. Ich werde das nicht erleben. Ich habe es aber versucht.

Warum muß es gemacht werden?

Es muß gemacht werden, weil die Welt, so wie Sie ist, wie mir scheint, ohne Hoffnung ist. Wenn die Welt den Gegenpol nicht mehr besitzt, wie es jetzt ist, eigentlich das Andere, das andere Ich des Menschen fehlt, dann kommt es zu keiner

Entwicklung mehr. Davon bin ich überzeugt. Das ist auch der Grund, warum es am Ende dieses Jahrtausends doch sehr trüb aussieht. Da thront ein einziger, hat nun alles geschluckt, ist dick geworden – und da hinten liegt die Hoffnung, gleichsam am Rande. Sie wird wieder ins Zentrum gebracht, da bin ich ganz sicher.

Sie haben in Ihrer Biographie einen Text aufgenommen von dem Regisseur Schroth, der 1969 oder 1970 in Halle als Regisseur gearbeitet hat, der damals 69/70 in einem Text Sie zitiert und sagt: Irgendwann, als es um die Frage Bestätigungstheater, Agitationstheater oder Theater als moralische Anstalt oder l'art pour l'art ging, sei er, der Regisseur Schroth, an Ihnen in der Kantine vorbeigegangen und habe von Ihnen zu hören bekommen: Wir – SED-Mitglied Böwe – wir machen die Politik, ihr macht die Kunst ... Es kann sarkastisch sein, es kann ein bißchen selbstironisch sein, es kann aber auch eine Warnung sein, eine Drohung. Wenn Sie sich selbstkritisch prüfen: Hat es Zeiten gegeben, wo Kollegen ein bißchen besorgt hätten sein müssen vor dem überzeugten Kurt Böwe?

Das ist schon möglich. Wir beide – Schroth und ich – gingen mit Überzeugungen dahin, die die nämlichen waren. Nur mit der Zeit wurde es freilich anders. Ich war kein dominierender Faktor in dem Maße, daß ich die Leute unterdrückt hätte oder so. Sicher, man hat immer Angst vor einem, der da ein bissel mächtiger ist in seinem Umfang, den er als Talent mit sich herumträgt. – Daß das eine politische Angst war ...? Ich glaube, da hat wohl keiner denunziert, soweit wir das gesehen haben. Da hat nur jemand etwas lauter die Wahrheit gesagt. Und jeder hatte eine. Und alle sind wir an unseren Irrtümern zugrunde gegangen. Das ist wahr, das ist auch nichts Schlimmes, wenn man einfach fehlgeht. Oder?

Nein. In den 70er Jahren sind Sie dann ans Deutsche Theater in Ostberlin gekommen – an dieses weltberühmte Theater. Haben Sie sich als Fremdkörper gefühlt?

Ja. Das wußte ich im voraus. Das Deutsche Theater war das

Mekka, das Medina, das Jerusalem des deutschen Theaters. Höher ging es nimmer. Nicht das BE – das Deutsche Theater war es.

Damals lag dann 1976 eine Liste aus in diesem Theater, wo Schauspieler und andere sich eintragen konnten in die Protestlisten gegen die Ausbürgerung des Liedermachers Wolf Biermann. Sie haben sich nicht eingetragen. Warum nicht?

Das, was die Regierung mit diesem Mann tat, war ein furchtbares Unrecht, das Folgen hatte. Das sah natürlich jeder Mensch. Ich spiele den Falstaff, der sagt einen sehr schönen Satz: »Der bessere Teil der Tapferkeit ist Besonnenheit.« Und mit diesem besseren Teil habe ich mein Leben gerettet. Hätte ich unterschrieben, stände übermorgen ein Mann von jener Abwehr da und fragte mich: Warum hast du unterschrieben? Und da fackelt er gar nicht lange, und Böwe ist plötzlich ein Verräter, indem er es nämlich widerruft. Ich hatte nicht diese Courage. Ich will mich hier nicht dreimal bekreuzigen. Ich durfte nicht unterschreiben, weil ich dann in eine Situation gekommen wäre, die ich persönlich nicht ausgehalten hätte.

Haben Sie das gewußt?

Das wußte ich.

So gut kannten Sie sich?

Ich kannte mich so, und ich kannte auch den Staat. Den Drangsalierungen wäre ich nicht gewachsen gewesen. Ich will mich nicht rausreden. Biermann war ein besonderer Fall, bedenken wir das. Biermann war auch in gewissen Maßen privilegiert durch seine Zeugenschaft in Hamburg usw. Ich habe auch wirklich keine große Lust, mich lang und breit drüber zu verbreiten. Wir haben es ja gesehen, das war der Riß durch die DDR, durch die Intellektuellen und durch die Künstler-Mannschaften, der der Ansatz war zum Ende. Ganz sicher.

Einerseits nicht für Biermann unterschrieben, andererseits selbst von der Partei, zu der Sie gehörten, behindert worden. Sie haben in Filmen mitgewirkt, zum Beispiel in Konrad Wolfs Film »Der nackte Mann auf dem Sportplatz« oder in »Jadup und Boel«, die entweder bald abgesetzt wurden, weil sie den Linienrichtern der SED mißliebig waren, oder die acht Jahre auf die Erstaufführung warten mußten. Einerseits, andererseits. Genau besehen, Herr Böwe, ein Leben wie Ihres unter den vorgegebenen Bedingungen in der zweiten Hälfte dieses Jahrhunderts – war dieses Leben ein einziges Wirrnis, oder gab es doch eine durchgehende Orientierung?

Es hatte zunächst eine Orientierung, weil wir daran glaubten, daß wir es schaffen könnten. Seit dem Rausschmiß von Biermann wurde es problematischer. Wir haben nach wie vor, sonderlich im Deutschen Theater, mit Alexander Lang Aufführungen gemacht, die den Geist der Kritik deutlich in sich trugen. Wir haben uns versucht, weil wir wußten, daß, wenn es so weitergeht, es in die Wirrnis läuft. Wir sagten, was wir vom Leben hielten. Das war immerhin ein Versuch, mit dem wir aber auch scheiterten.

Wünschen Sie heute manchmal, Sie hätten sich weniger engagiert, Sie hätten sich mehr aufgehalten in einer Nische?

Nein. Das konnte ich nicht, das kann man als Schauspieler auch schwer. Ein Schauspieler will wirken in der Zeit, muß er auch. Wenn er stirbt, hat er nichts mehr davon. Ich mußte mich notwendigerweise mit Mitteln des Theaters, das ein kollektives Unternehmen ist, engagieren. Darin sahen wir den Sinn und den Zweck. Und am Ende suchten wir gar noch einen Endzweck, der nicht stattgefunden hat.

Gab es durch all die Jahre hindurch ein Ideal, und nicht nur auf dem Theater, sondern im Leben?

Ich befand, nachdem ich einem Engel gleichsam begegnet bin, dem ich des öfteren begegnet bin, er hieß Konrad Wolf. Konrad Wolf war in vielem mein Erretter. Vor dem Mann hatte ich großen Respekt. Konrad Wolf, dieser einzige Internationalist im kommunistischen Raum, mit der Bedenklichkeit seiner Rede und seinem Denken, hat mich tief beeinflußt. Ich glaube, seit dem »Nackten Mann auf dem Sportplatz« war ich froh, daß er Präsident der Akademie der Künste war und vieles, soweit es ihm möglich war, abgewehrt hat. In ihm hatten viele ihren Begleiter.

Gibt es ein Sachideal?

Mit den Sachen habe ich es etwas schwer. Die Finanzen kommen nicht in Frage. Ich bin eigentlich schon von meinen Vater, der ein sehr ernsthafter Mann war, enterbt worden, weil ich mit Geld nicht umgehen konnte. Da lag in der Wiege, daß ich was mit Sozialismus zu tun hatte.

Nein, nicht in den Sachwerten. Sie haben Konrad Wolf als Ideal genannt. Gibt es – jetzt haben Sie Sozialismus gesagt – durch all die Jahre hindurch bis zum Ende zu, gibt es ein sachliches Ideal? Welches war's, oder ist es verblaßt?

Ich kann das nicht genau beurteilen. Es ist alles kleiner, bescheidener geworden. Es sind auch die Wunschträume weiter verblaßt. Nicht, daß ich hier sitze wie einer, der völlig aufgegeben hat – dann könnte ich mich umbringen. Dazu habe ich auch keine Fähigkeit und keine Traute. Aber ich denke, der Wunsch zu leben, diese Angst vor Krieg und Tod – das ist es wohl. Als ich anfing zu denken, 1945, kam er auf. Die Sache ist noch längst nicht ausgestanden. Wenn ich daran denke, was in Rußland passieren kann, wenn sich das Land in Bewegung setzt, dann zittert ganz Europa. Das heißt, diese Angst vor Krieg und Tod im eigenen Lande, in der Familie, das ist es eigentlich, was mir geblieben ist.

Gibt es gegen Ende zu eine gewisse Bitterkeit, weil die Ratlosigkeit und die Ohnmacht das Beherrschende geworden ist?

Das glaube ich nicht. Das ist die Einsicht. Ich bin ein großer

Verehrer von Fontane. Und Fontane sagt: Ich habe immer einen Blick für Tatsächlichkeiten gehabt. Das heißt, du kannst es dir nicht besser wünschen als es ist. Diese Einsicht ist eine sehr gute Hilfe.

Erlauben Sie mir eine letzte Frage: Wie halten Sie es mit Gott?

Das ist eine sehr gute Frage. Also: Ich lag todkrank, krebskrank in Herzberge. Im Nachbarbett lag ein junger Mann, Pfarrer Braune. Sein Vater war Direktor der Behindertenanstalt in Lobethal. Und in seinem Kinderzimmer saß plötzlich Frau Honecker mit Herrn Honecker auf seinem Sofa. Bischof Forck hatte dafür gesorgt, daß die Meute sie nicht zerfetzte. Dieser fromme Mann lag neben mir, erzählte mir das alles und las Psalmen und Sprüche. Ich sagte: Können Sie die vielleicht etwas lauter lesen? Und er tat das und sagte: Sie können sich ja auch so ein Buch holen. So blieb ich erst mal hängen im Alten Testament, und zwar bei dem Prediger Salomo. Und langsam kam ich dahinter, und meine Frau hat es mir übrigens auch gesagt, daß ich vielleicht von Anfang an zutiefst religiös war, ohne daß ich es wußte. Der Weg des Überlegens über die Welt bringt mich nicht zu diesen Religionen, die heute praktiziert werden, sondern zum Alten Testament. Und darüber vielleicht zu jemandem, der möglicherweise Gott heißt.

LEBEN WIR UNS DENN NOCH SELBST?

*Herr Paul, ein Amsterdamer Museum
und wahre Werte. 1997*

> *Wenn wir schlechte Schüler sind
> werden wir große Meister*

»Halt, halt, halt, bleibt stehen, hört auf mit dem Gerenne!«
So der Herr Paul, den ich bereits über 100 mal in den Kammerspielen des Deutschen Theaters spielte. Die Titelgestalt in Tankred Dorsts Stück ist ein weiser und wüster Verweigerer, den kein noch so gerissener Geschäftssinn vom Fleck seiner staubigen, angeschmuddelten Existenz kriegt. Dieser Mensch ist geradezu faustisch – aber nicht im Vorwärtsdrängen, sondern in seinem Beharrungsvermögen, sich in nichts Unwesentliches, in nichts verführerisch Glänzendes verstricken zu lassen. Das scheint mir die rechte Botschaft zur rechten Zeit zu sein: Der Alte, der sich mit seinem Gewicht gegen die eilige Welt stemmt, ist eine wunderbar naive Antwort auf das Allmachtsdenken der neuen Zeitbeherrscher, der Geschäftsleute, und deren Anmaßung, man könne alles erreichen und jeden rumkriegen – indem man vor alles und jeden ein Preisschild setzt. Der Mensch – nichts als ein Kostenfaktor zwischen Angebot und Nachfrage.

»Es ist alles still, wie in einer verschneiten Winternacht. Nur ein leiser, monotoner Tropfenfall. Das sind die Zinsen, die fortlaufend hinabträufeln auf die Kapitalien, welche beständig anschwellen; man hört ordentlich, wie sie wachsen, die Reichtümer der Reichen. Dazwischen das leise Schluchzen der Armut.« In dieser winterlichen Stille, die Heinrich Heine vor anderthalb Jahrhunderten beschreibt, gehen mit zunehmender Geschwindigkeit gewachsene Lebenswelten verloren. Zurückbleiben Allerweltsräume, wo man sich, bei hinlänglichem Haben, in Scheinwelten einkaufen kann: Aqua-City, Disney-World, Miß Saigon mit Sekt am Pool.

Nur noch selten, etwa zu Weihnachten, wenn wir von Einkäufen ermattet in die Fernsehsessel fallen, gehören wir überraschend uns selbst. Danach aber, wenn das neue Jahr herankommt, sind wir wieder Sklaven der Terminkalender, und diese verbreiten in Verbindung mit immer kleiner werden Taschen- und Handtelefonen (vor deren piepsenden Geräuschen selbst eine Theateraufführung nicht mehr sicher ist) jene zwölfmonatige ansteckende Krankheit, die Herr Paul »das Gerenne« nennt, die Einbildung also, jederzeit unabkömmlich zu sein und daher immer überall erreichbar bleiben zu müssen. Der alljährlich gedankenlose Wunsch für einen geruhsamen Jahreswechsel meint so vielfach nichts weiter als den Wunsch für einen reibungslosen Boxenstop vorm erneuten Run auf die Piste unserer aller Formel 1: Wer jagt, gewinnt!

Ausgerechnet der Mensch, der keine Zeit hat, betont, er habe nichts zu verlieren. Aber er verliert permanent etwas: Das Gleichgewicht, das man auch Leben nennt. In der Zeitung las ich über ein Projekt »Abkühlzimmer« im Amsterdamer Stedelijk-Museum: Innerhalb weniger Wochen wurden diese Räume zu einem Treffpunkt der Geschäftsleute umliegender Viertel, die sich mit ihren Eßpaketen in einem Raum absoluter Dunkelheit niederließen, dort schweigend saßen und aßen – um danach wieder geläutert an ihren Arbeitsplatz zurückzukehren.

Abkühlzimmer – Kirchen der Neuzeit. In denen allein geben sie sich noch der Schutzlosigkeit der Erschöpfung hin: diese Nonstop-Beschleunigten und Dauer-Mobilisierten, diese Putzmunteren und Leistungsbewußten. Hier begreifen sie für einige vergebliche Momente, daß Leben ein rhythmischer Zeitenwechsel von Ebbe und Flut, ein Spiel von Licht und Schatten ist. Nein: sein könnte.

Leben wir noch uns selbst?

Ich gestehe freilich, die Beantwortung dieser Frage noch immer nicht trennen zu können von der Erkundigung nach einem möglichen Sinn, der Leben lebenswert macht. Wer wie ich aus der DDR kommt, weiß viel von der Verführungskraft einer großen Idee; er weiß von der Lust, in einer »Sache« aufzugehen; er weiß letztlich aber auch viel von der beträchtlichen Leere, die über Menschen kommt, wenn ihre Gewißhei ten plötzlich aufgebraucht sind und Geschichte tatsächlich nach vorn hin offen ist – und zwar in jede und nicht nur in die gewünschte Richtung.

Alles hat seine Zeit, heißt es in der Bibel. Das, was sich Sozialismus nannte, hatte seine Zeit, nun hat anderes seine Zeit. Zum Beispiel Ratlosigkeit und tiefe Skepsis. Denn dies ist der Kern jener sehr unfaßlichen Zwischenzeit, in die wir geraten sind: Nichts ist entschieden, alles darf für möglich gehalten werden, alle Perspektiven sind so offen wie sie verbaut sind. Bindungen bröckeln, Sinngebung stellt sich nur mühsam her.

Aber wo nichts mehr gewonnen werden muß, ist noch lange nicht alles verloren. Der Mensch kann gerade im Alter ein Staunender werden; er kommt, indem er sich von vielen Dingen entfernt, im wahren Sinn des Wortes zu sich. Da denke ich nicht nur an den störrischen Herrn Paul, sondern auch an den von mir hochgeschätzten Theodor Fontane. Sollen andere sich in dreister Nichtigkeit vergeuden, indem sie, wie der Dichter schrieb, »den Gedanken, es käme nun eine ganz neue Zeit, vor der alles Zurückliegende völlig nichtig dastehe, bis zur fixen Idee ausbilden«.

Gerade wenn man, im Osten der Welt lebend, vom Fortschrittsgedanken, von der steten Aufwärtsbewegung des Lebens infiziert war, gehört Mut dazu, einer gewissen Unveränderlichkeit des menschlichen Wesens ins Auge zu blicken. Das meint die Unveränderlichkeit des angeführten falschen Strebens ebenso wie die Unvergänglichkeit der menschlichen Tugend, doch immer wieder unverblümt und unbelehrbar durch bitterste Erfahrung nach Sinn und Halt zu suchen. Also: Trotz allem bleibt Hoffnung. Aber diese Hoffnung, auf der ich beharre, kommt nicht aus dem vorgefühlten Wissen um den Sieg des ehrenwerten Guten, sondern aus der Balance der Dinge. Und da hat ein jeder Gewicht genug für das Füllen der Waagschale wider das verhängnisvolle »Gerenne« der Welt.

Es gilt, dem Geld die Rechnung aufzumachen. Nicht einer für alle, jeder für sich? Die Buchhaltung ist mit der Bilanz zu schlagen. Wo alles ähnlich wird (im »Gerenne«!), geht es um Abstand und Unterscheidung. Von den Sekunden, die zählen, die Minuten abrechnen, die sich rechnen. Das ist das einschneidende Minus, das aber den eigentlichen Wert des Lebens ausmacht. Mit dieser Bilanz schaue ich auf das sogenannte neue Jahrtausend.

Herr Paul sagt: »Ich will nicht.« Das ist die Würde des Menschen.

Hans-Dieter Schütt

EIN ABSCHIED

Lebenslängliche
Theaterkerkerhaft
ohne die geringste
Begnadigungsmöglichkeit

Eine Zeitung veröffentlicht eines der schönsten späten Fotos vom Schauspieler. Es ist Herbst, der Mantelkragen hochgeschlagen. Auf selbstgezimmerter Bank, im Garten des kleinen Anwesens in der Prignitz, da sitzt er nun. Das Laub um die Bank herum scheint wie das Laub aller verfügbaren Jahre. Da sitzt ein Mensch, als sei er gerade heimgekehrt aus jenen lebenslangen Geschäften, in denen die Spanne Zeit leidenschaftlich, Stück für Stück, vergeudet wird. Das Foto zeigt den Schauspieler kräftig gelassen, furchengewiß und furchenstolz, das Gesicht sucht ein wenig Wind (nicht zuviel); es ist, als sei der Mann – oft kommentiert – ein Teil vom Gewicht der Welt. Wie sein Herr Paul in den Kammerspielen des Deutschen Theaters. Herr Paul, der von seinem Sofa vertrieben werden soll – aber nicht vertrieben werden kann. Klein und behend wie eine Katze, der Leib aber schwer wie ein Sack. Ganz bei sich. Altdeutsche Trägheit siegt über neudeutschen Aktivismus. Wenn der Schauspieler in diesem Stück über die Bühne schlurft, wird nicht schlechthin Staub aufgewirbelt; nein Staub schwingt sich auf – und zwar zu dem, was er letztlich immer bleibt: Herr über alle Dinge. Herr Paul kann auf Zehenspitzen ganz laut gehen. Herr Paul ist das Messer, das auf seinen Rost stolz ist. Herr Paul ist eine Expedition in die Urwälder des Alleinseins. Herr Paul. Herr Kurt.

Hier, erzählt der Mann auf dem Foto, bin ich angekommen in all meiner Hoffnung und Erwartung, ich, das unverwandelbare Inbild, das man zutiefst kennt, in das man zu Beginn des Lebens gedrückt wird wie ein Insekt in den künftigen Bernstein, und man erfährt von aller eigentlichen Bestimmung doch erst viel, viel später. Nachdem man in eine Beständigkeit hineingewachsen ist, in eine Überprüfbarkeit von Leben, seinem Gewinn und seinen Verlusten. Der Atem rasselt ein wenig, erzählt der Mann auf dem Foto, aber die Augen vermerken beruhigt die gewohnten landschaftlichen Umrisse, und er hört wohl ebenso beruhigt die Stimmen, die seinen Namen sagen und ihm einen guten Tag wünschen. Ich brauche nichts zu erklären, sagt das Schweigen des Schauspielers, ich tappe einfach meine Schritte, wenn ich mich von dieser Bank erhebe. Eine fokussierte Besinnung findet statt, in die man auf dem gleichen Wege einkehrt, auf dem man sie einst verließ – um kontrollieren zu können, was in der Zwischenzeit geschehen ist. Ob überhaupt etwas geschehen ist?

Ich muß die Augen nicht schließen, sagt der Schauspieler, um sowohl die vergangene Zeit jetzt zu sehen als auch die jetzige Zeit damals, aus deren Zusammenprall ein einmaliges Glücksgefühl entsteht, hier in der Prignitz: daß sie sich endlich einmal aufhebt, die Zeit, sie sich endlich einmal aus den Angeln hebt und ich die Tür öffnen und schließen kann, ganz nach Belieben, oder sie einfach ganz verschwinden lasse, die Zeit, und kein Ein- und Austritt mehr da ist. Nur ein Zutritt zu etwas wie zu einer Sekunde Ewigkeit.

Der Schauspieler, weil er unter einem Baum sitzt, schaut auf seine Bäume ringsum. Sie sind einfach da. Noch sind sie einfach da. Allein durch ihr unbegründetes Dasein strahlen sie eine Kraft aus, die anders ist als die Kraft der Tiere und der Steine. Da ist nicht diese mineralische Bewußtlosigkeit, da ist aber auch nicht jenes tierische Schweigen, dem der sprechende Mensch verwandt und zugleich fremd gegenübertritt.

Es gibt etwas, sagt der Schauspieler, das vielleicht nur Bäume verbreiten. Trost. Sagen die Dichter, und gerade wir Schauspieler neigen dazu, ihnen da recht zu geben, wo wir selber nicht genau benennen können, was wir meinen.

Bei keinem anderen Wesen als dem Baum sind Leben, Dauer und räumliche Ausdehnung so offensichtlich Gestalt geworden. Nirgends stellt sich menschlicher Kurzatmigkeit etwas beharrlicher und zugleich vertrauter entgegen als sie. Sie bilden das Gegenteil unserer Scharlatanerie, sagt der Schauspieler, sie trösten wirklich und sie beruhigen auch, wahrscheinlich weil sie den Kreislauf des Lebens Jahr um Jahr

neu durchlaufen, während wir hektisch unsere eine Daseins-
bahn entlangrasen. Ihre Beständigkeit ist illusionslos, daher
wahr. Denn auch sie sterben: einen kleinen Tod am Ende
jedes Sommers; den großen Tod, wenn ihre Zeit gekommen
ist. Und nicht die Ahnung eines Schreckens schwingt darin.
Ganz im Gegensatz zu uns. Sie bilden ihre Körper aus,
unbekümmert darum, wen sie dann eines Tages beschirmen.
Weil sie lange vor uns da waren, haben wir ihre Sprache übernommen. Von ihnen wissen wir, daß Menschen Wurzeln schlagen, aufblühen, entwurzelt werden können. Von ihnen haben
wir die Ahnung, daß die Dinge wachsen und gedeihen müssen. Bäume boten lange vor der Mathematik ihre Maße an,
von denen auch unsere Bühnenbilder leben – Entfernung,
Höhe, Durchmesser, Raum. Ihre Kronen waren höher als der
Mensch, ihre Wurzeln tiefer. Dank ihnen wurde die Säule,
der Pfeiler geboren. Die tägliche Kulisse.

Nur in den Städten, sagt der Schauspieler und denkt an
seine Theaterstadt Berlin, Friedrichshain, teilen sie unmittelbar das Schicksal der Menschen: Sie sind schüttere Wip-
felchen über mannshohen Eisengittern, die den Stamm

umschließen. Aus den Bäumen wurden Schatten von Bäumen. Weil sie sich duckten, brachten sie ihre Wahrheit durch. Aber wie lange reicht ihre Biegsamkeit? Alt wie ein Baum möchte ich werden. Was der Mensch in seinen Liedern träumt – selbst Bäume laufen Gefahr, es nicht zu erreichen.

Es sei denn, sagt der Mann im Mantel, und er ist jetzt herzensgern der Moralist, es sei denn, der Mensch lernt doch (noch) das Aufbäumen.

Das Foto des Schauspielers steht zu einer Nachricht: Nach über zwei Dutzend Jahren nimmt Kurt Böwe Abschied aus dem festem Engagement am Deutschen Theater Berlin. Er tut dies mit »Weit weg von Hagedingen«, einem kleinen französischen Zweipersonen-Stück über Älterwerden und Altsein. Eine Textur, die sich der Schauspieler, gemeinsam mit Regisseur Michael Gruner, selbst gesucht hat. Weil dieser Text, in glücklicher darstellerischer Verbindung mit Christine Schorn auf die Bühne gebracht, ihn, den Schauspieler, betrifft, und weil er sich damit treu bleiben kann: Stets war er als Darsteller ein bewußter Reproduzent seiner selbst, nie so sehr Verwandler. Das Spiel mit dem schönen Schein geriet ihm in besten Momenten zur Existenzprobe, die viel mit bewahrter Nähe zu Wurzeln und Irrtümern des untergegangenen Landes DDR zu tun hatte.

Ein Einwurf: das Land DDR. Uwe Johnson. Eine Matinee.

Wir schauen auf Eisenbahngleise, die in der Ferne fast zusammenfinden. Hier könnte Jakob, die Roman gewordene Mutmaßung, über die Schienen gelaufen sein. Denn er lief immer quer. Jetzt ist er tot. Und wir schauen auf das Bild Uwe Johnsons, das dort, wo sich die fotografierte Bahnhofslandschaft verlieren will, aus dem Horizont ragt.

Der Schauspieler kommt auf die Bühne, verneigt sich vor dem Dichter.

Kurt Böwe liest, in eigener Auswahl, Uwe Johnson. Porträt eines spröden, flachländisch verwurzelten Mecklenburgers, den die DDR nicht verkraftete; 1984 stirbt er in englischer Einsamkeit. Es gab etwas in diesem Dichter, das ihn dazu verurteilte, immer die letzten Türen zu suchen und dahinter das schreklich wahre Leben zu finden. Beständige Bitternis, die alles noch schlimmer, also ironisch macht.

Der Schauspieler spürt gesetzt, ganz leise einem Menschengeheimnis nach – und läßt dabei nicht mit sich selber handeln. Denn er liest einen Johnson, der, die DDR fliehend, nicht zum Antikommunisten taugt; einen Johnson, der, in den Kapitalismus wechselnd, ein instinktiv sicherer Kritiker seiner eigenen Freiheit bleibt;einen Johnson, der, trostlos verkantet in Isolation, von menschlichen Alternativen träumt. Sozialismus.

Spürbar im Publikum des Neuen Deutschen Theaters mit seinem westberlinischem Publikum: Staunen, Irritation.

Vom flattrigen Theater lernen heißt lügen lernen. Von solch gehörter Literatur lernen heißt: nicht allzu lernwillig zu sein, wo gelehrt wird, man könne die Wahrheit gut und gern aushalten.

Zweiter Einwurf: Christine Schorn.

Mit Böwe liest sie im Deutschen Theater aus dem Briefwechsel des Ehepaares Emilie und Theodor Fontane: »Zuneigung ist etwas Rätselvolles.«

Deutsche Briefe hehren deutschen Geistes kommen von tief innen und möchten hoch hinaus, wollen sinnenschwer und zugleich schwebend sein. Deutsche Briefe hehren deutschen Geistes sind eine Zumutung.

In diesem Briefwechsel ist etwas anderes eine Zumutung: das Da-Sein – mit seinen finanziellen Sorgen, mit seinen Gewöhnungs- und Gemächlichkeitszwängen, die man Ehe nennt, mit jenem lebensquälenden Widerspruch zwischen freiem Geist und bürgerlicher Gebundenheit, zwischen schriftstellerischer Erkundungslust und familiärer Abhängigkeit.

Emilie: Endlich nicht mehr das etwas borniert-schmalgeistige Klageweib, sondern tapfere Partnerin eines vertrackten Charakters. In einführenden Worten gleichsam rehabilitiert von Briefwechsel-Herausgeber Gotthard Erler, der die Matinee moderiert, mit der Bescheidenheit des souveränen Spezialisten, stimmlich wohltuend, von großem geistigem Charme.

Die Bühne von Nina Hüsgens: Drei Tische, an der Seite die Porträts der beiden Fontanes, der Boden ganz von Herbstblättern bedeckt. Ein berückender Hauch von goldenem Lebensherbst liegt über der Szene.

Christine Schorn und Kurt Böwe: Auch als Duo inzwischen eine DT-Instanz. Das Lesen nebeneinander ist ein dezentes Spielen miteinander. Sitzhaltungen, Blicke, Mundwinkelbewegungen: Wie wenig man braucht, Lebendiges zu schaffen! Sie: Ganz sanfte Zurechtweisung, fast ängstlich insistierend, aber von hinterlistig munterer Bestimmtheit; eine Frau, die trägt, was ihr aufgebrummt ist. Er: Die Bestimmernatur, breitflächig und scharfkantig; ein tieferes Falten des faltigen Gesichts kann den Spielmoment bis an den Rand des Bedrohlichen laden – und in den Aufhellungen dieses Gesichts vermag man, hinter der Belehrsamkeit, ebenso klar von den unzweifelhaften Zuneigungen lesen.

Schorn zügelt Böwe; Böwe entfesselt Schorn. Alles minimal, und alles doch weithin strömend.

Wer dem Publikum nur Selbstbestätigung gibt, zerstört das Theater. Wer sie ihm nur verweigert, zerstört es auch. Irgendwo dazwischen liegen Quellen, aus denen Volksschauspieler wie Kurt Böwe entstehen. Arbeit, die in der Zeit wurzelt und ihr zugleich entkommt – so wird aus Handwerk Kunst. Aber aus Kraft auch Ratlosigkeit. Die Ahnung, daß das Leben nur aus Fristen besteht, daß das Ende schon hereinläutet, während wir uns noch auf dem Jahrmarkt der Möglichkeiten wähnen, ist ihm auch am Ort Theater unvermeidlich geworden. Wenig Hoffnung bietet dieses Jetzt, in dem der Schauspieler als Schauspieler rückblickend sagen kann: Alle agitiert, Trullesand; alles erlebt, Faust; alle gütigst belogen, Luka; alles tragisch ertrotzt, Michael Kohlhaas; alles erlitten, Tschepurnoi; alles plötzlich erahnt, blauer Boll; alles inszeniert, Bruscon; alles schon gehabt, Kommissar Groth (meine letzte Kundgebung, wirft der Schauspieler ein); also: alles durchrast, Kurt Böwe.

Der in der Wiederholung verzweifelnde Sisyphos gibt nun die Losungen des Geschehens aus. Nur eine Sammlung allerletzter Ansichten ist noch möglich. Das Gelände, übersät mit verlorengegangenen Einzelteilen, gibt Zeugnis von der Verwundbarkeit des Allmachtsdenkens, von der Gebrechlichkeit der großen Planung und des größenwahnsinnigen Anspruchs auf Endgültigkeit und Neuheit, Innovation und Produktivität.

Zeichnung des Bühnenbildners Volker Pfüller für Kurt Böwe – das Ensemble der »Danton«-Inszenierung von 1981, Deutsches Theater Berlin

Auf der Bank in der Prignitz wirkt der Schauspieler wie eine retrospektive Kindsköpfigkeit. Ganz im Sinne Fontanes, der sagte: »Ich schweige bloß.« Und: »So komme denn in diesem Sinn hinfort aus meinem Munde nichts./ Denn jeder glaubt ein All zu sein und jeder ist im Grunde nichts.«

Ich schweige bloß. Gut gesagt. Indes, wir haben es noch immer mit einem Schauspieler zu tun. So einfach liegen die Dinge nicht, wenn es ans Schweigen geht. Gar ans publikumslose Schweigen.

Der Spruch, aller Anfang sei schwer, stammt von Leuten, die das Ende nicht kennen. Aufhören ist schwer. Die Geschichte der Theater ist voll von den tragischen Tragöden, die keinen Abgang fanden. Der Beruf ist ein einziger Sog. Die Verführung schaut den Mimen an aus den Schlagzeilen der Presse vergangener Tage, von der makulaturbeklebten, lattendurchfurchten Rückwand der Kulissen. Sie lauert in den Tapeten des Zuschauerraumes, sitzt im Gemäuer der Bühne. Verführung starrt aus den zerbröselnden, vergilbten Pressenotizen und Fotos: Ach, als ich damals ...

189

Furchtbar ist die Konfrontation mit diesem Gespenst, das die Geschöpfe der Bühne nicht ruhen läßt, bis sie in einer nicht zu nennenden Stunde dieser Schwester des Todes ins Gesicht schauen. Nein, sie müssen auf die Bühne, immer wieder, sich lebensrettend der Gegenwart in die Arme werfen. Schauspieler sind die verwundbarsten Kinder der Kunst. Der Törichte nennt sie oberflächlich, der Ahnungslose leichtsinnig. Besteigen sie am Abend die Bretter, geschieht doch aber Ungeheuerliches: Das gedachte und geschriebene Wort von einst und jetzt belebend, schenken sie uns für Stunden den Triumph des Lebens über das Leblose. Ja, über den Tod. Theater macht Hoffnung, der abgeschickte Pfeil könne aufzuhalten sein.

Freilich, sagt der Schauspieler, mit der Zeit kann man ein wenig müde werden und sagen: Ich fühle mich jetzt nicht mehr stark genug, alles Theater immer wieder auf mich zu nehmen. Der Mensch, denken Sie an Fontane, wird im Alter aber auch wieder ein Staunender. Er kommt, indem er sich von vielen Dingen entfernt, im wahrsten Sinne des Wortes zu sich. Das Staunen wächst mit der Erfahrung, daß es kein Gegensatz sein muß zu Nüchternheit und Gelassenheit.

Was einer wie der Schauspieler, nun erlöst aus mancher Repertoirepflicht, fortan höchstens versuchen kann: müheloser zu leben, sich weniger dem Zwang des Gewerbes auszusetzen. Ein Zwang aber bleibt wohl: das Publikum zu mögen und nach wie vor auch jenes Reich der Träume, das zwar nur Attrappe, aber lebensnotwendig ist.

Die Krux des Unfugladens: Durchgehend geöffnet.

Fotonachweis

Archiv Kurt Böwe (S. 32 ff., 57, 171, 189), Archiv Deutsches Theater (S. 48 f., 53 f., 55 o., 61), Joachim Fieguth (S. 55 u.), Andreas Kämper (Umschlag, S. 8, 39, 185), Stephan Suschke (S. 83). Die Autoren danken Wolfhard Theile, Deutsches Theater, für die Fotoreproduktionen.

Textquellen

»Tach, du Rote Socke«, Ostdeutscher Rundfunk Brandenburg, 25. Januar 1997
»Leben wir uns denn noch selbst?« in: Neues Deutschland, 31. Dezember 1997
»Der Wind, der Stock, der Sand« in: Das Blättchen, 13/98
»Wie ich zu Fontane fand«, in: Berliner Morgenpost, 2./3. Mai 1998
(Mitarbeit: Günter Bellmann)

*

Alle den jeweiligen Texten vorangestellten Zitate stammen aus den Theaterstücken »Der Theatermacher«, »Einfach kompliziert« und »Der Schein trügt« von Thomas Bernhard.

ISBN 3-360-00890-1

1. Auflage
© 1999 Das Neue Berlin Verlagsgesellschaft mbH
Rosa-Luxemburg-Str. 39, 10178 Berlin
Umschlagentwurf: Jens Prockat, unter Verwendung
eines Fotos von Andreas Kämper und
eines Gemäldes von Hieronymus Bosch
Druck und Bindung:
Wiener Verlag, Himberg